JN123209

TEST OF PRACTICAL JAPANESE

J.TEST

実用日本語検定問題集
〔A-Cレベル〕

2022

日本語検定協会 編

語文研究社

はじめに

　この『J. TEST　実用日本語検定　問題集［A-C　レベル］2022 年』には、2022 年の A-C レベル試験 6 回分を収めました。

　「J. TEST　実用日本語検定」の練習にご利用ください。

　なお、下記の問題は、出版までに著者の同意が得られなかったため、過去に出題された問題と差し替えています。差し替えた問題には、★印がついています。

第 1 回問題 6、第 3 回問題 7・10

　「J. TEST　実用日本語検定」の概要は、巻末資料をご覧ください。また、最新の情報は、下記 URL をご覧ください。

　　　　　　J. TEST 事務局本部　http://j-test.jp/

日本語検定協会／J. TEST 事務局

★　聴解問題の音声は、目次にあるＱＲコードから聴くことができます。

目　次

はじめに

試験問題

正解とスクリプト

巻末資料

実用日本語検定
TEST OF PRACTICAL JAPANESE

J.TEST

受験番号		氏　名	

注　意

1　試験が始まるまで、この問題用紙を開けないでください。

2　この問題用紙は、全部で４１ページあります。

日本語検定協会／Ｊ．ＴＥＳＴ事務局

J.TEST

実用日本語検定

読 解 試 験

1　文法・語彙問題　問題　（1）〜（40）

2　読解問題　　　　問題　（41）〜（60）

3　漢字問題　　　　問題　（61）〜（90）

4　記述問題　　　　問題　（91）〜（100）

1　文法・語彙問題

A　次の文の（　　　）に１・２・３・４の中から最も適当な言葉を入れなさい。

（１）　（　　　）っぱなしはよくないよ。片<ruby>片<rt>かた</rt></ruby>づけて。
　　　　1　やる　　　　　　2　やり　　　　　　3　やった　　　　4　やって

（２）　やっと日本の生活（　　　）慣れました。
　　　　1　に　　　　　　　2　の　　　　　　　3　を　　　　　　　4　は

（３）　朝にバナナを１本食べた（　　　）、今日は何も食べていない。
　　　　1　となると　　　　2　きり　　　　　　3　ばかりに　　　4　までして

（４）　新しい工場を（　　　）にあたって、責任者を決めた。
　　　　1　<ruby>建設<rt>けんせつ</rt></ruby>する　　2　建設した　　　　3　建設して　　　4　建設し

（５）　今月は一日も（　　　）ことなく働いている。
　　　　1　休み　　　　　　2　休んで　　　　　3　休む　　　　　　4　休んだ

（６）　この仕事は前の仕事に<ruby>比<rt>くら</rt></ruby>べてなんと楽（　　　）。
　　　　1　なことだろう　　　　　　　　　　2　であるかのようだ
　　　　3　に越したことはない　　　　　　4　なのではあるまいか

（７）　困ったこと（　　　）家に<ruby>財布<rt>さいふ</rt></ruby>を忘れてしまった。
　　　　1　と　　　　　　　2　に　　　　　　　3　の　　　　　　　4　を

（８）　最新のカタログは次回の打ち合わせ（　　　）お渡しします。
　　　　1　ゆえに　　　　　2　をおいて　　　　3　を限りに　　　4　の<ruby>折<rt>おり</rt></ruby>に

（９）　彼女が泣いている（　　　）を見ると、どうやら彼と別れたようだ。
　　　　1　うち　　　　　　2　もの　　　　　　3　ところ　　　　4　つもり

（10）　初対面の人にそんなことを聞くなんて、（　　　）極まりない。
　　　　1　失礼　　　　　　2　失礼な　　　　　3　失礼だ　　　　4　失礼で

（11）　<ruby>山田<rt>やまだ</rt></ruby>さんは聞いた（　　　）忘れて、いつも同じ質問ばかりしている。
　　　　1　かたわら　　　　2　そばから　　　　3　ながらに　　　4　べく

(12) 彼が誰と結婚（　　　）が、私には関係ない。

1　しない　　　　　2　する　　　　　　3　した　　　　　4　しよう

(13) 彼女は病気で入院（　　　）。

1　を余儀なくされた　　　　　　　　2　を禁じ得なかった

3　にはあたらなかった　　　　　　　4　といったらなかった

(14) 学生は学業（　　　）なおざりにしてはいけない。

1　に　　　　　　2　を　　　　　　3　で　　　　　　4　と

(15) 今月中にお返事いただけない場合、契約はなかった（　　　）といたします。

1　わけ　　　　　2　はず　　　　　3　もの　　　　　4　とおり

(16) A：「そろそろ帰りませんか」

B：「（　　　）仕事を終わらせてから帰るので、お先にどうぞ」

1　やればやるほど　　　　　　　　2　やりかけの

3　やりきった　　　　　　　　　　4　やったらやったで

(17) A：「宝くじ買おうかな」

B：「宝くじなんか買っても（　　　）よ。やめたほうがいいって」

1　当たらないこともない　　　　　2　当たってたまるか

3　当たりっこない　　　　　　　　4　当たりうる

(18) 田中：「鈴木さん、遅かったですね。心配してたんですよ」

鈴木：「すみません。ここに来るのは（　　　）、道に迷ってしまいました」

1　初めてだったものだから　　　　2　初めてだったくせに

3　初めてだってば　　　　　　　　4　初めてだったかと思うと

(19) A：「明日が最終面接なんだ。緊張するなあ」

B：「大丈夫。最終面接までいけば、（　　　）よ」

1　受からないものでもない　　　　2　受かればそれまでだ

3　受かったも同然だ　　　　　　　4　受かってもさしつかえない

(20) A：「どうしたの？　顔色が悪いけど」

B：「残業続きで（　　　）んだよ」

1　休むまでもない　　　　　　　　2　休まれてはかなわない

3　休むには及ばない　　　　　　　4　ろくに休めていない

B　次の文の（　　　　）に１・２・３・４の中から最も適当な言葉を入れなさい。

(21)　太陽は東から出て西に（　　　　）。
　　　　1　張る　　　　　2　沈む　　　　　3　組む　　　　　4　凍る

(22)　結婚式は家族と（　　　　）友人のみで行った。
　　　　1　激しい　　　　2　だらしない　　3　親しい　　　　4　しつこい

(23)　「そこに立っていると邪魔ですから、（　　　　）ください」
　　　　1　かじって　　　2　かぶって　　　3　どいて　　　　4　うって

(24)　プレゼンが上手にできるか（　　　　）。
　　　　1　不正だ　　　　2　不運だ　　　　3　不潔だ　　　　4　不安だ

(25)　スピーカーの音量を（　　　　）してください。
　　　　1　訓練　　　　　2　調節　　　　　3　供給　　　　　4　抽選

(26)　運転中に制限速度を（　　　　）して、警察に捕まった。
　　　　1　オーバー　　　2　アンテナ　　　3　ガイド　　　　4　リード

(27)　明日は（　　　　）寒いらしいから、出かけるのはやめよう。
　　　　1　相当　　　　　2　近々　　　　　3　ひとりでに　　4　必ずしも

(28)　子供の頃、よく野原で花を（　　　　）。
　　　　1　催した　　　　2　ひっかいた　　3　担った　　　　4　摘んだ

(29)　DVDの返却を忘れていて、（　　　　）料が発生してしまった。
　　　　1　出展　　　　　2　延滞　　　　　3　調味　　　　　4　返送

(30)　首相は自身の疑惑について（　　　　）否定した。
　　　　1　上下に　　　　2　言下に　　　　3　却下に　　　　4　眼下に

C 次の文の_____の意味に最も近いものを1・2・3・4の中から選びなさい。

(31) 彼女はお酒が大好きだから、飲み会にはとうぜん来るだろう。
　　　1　急いで　　　　　　　　　　　2　もしかしたら
　　　3　ちゃんと　　　　　　　　　　4　もちろん

(32) 家を出たとたん、トイレに行きたくなった。
　　　1　出ようとしたとき　　　　　　2　出た後しばらくして
　　　3　出る前に　　　　　　　　　　4　出た後すぐに

(33) 自分に自信がない人ほどいばるものだ。
　　　1　よく喋る　　　2　文句を言う　　　3　損をする　　　4　偉そうにする

(34) たまたま友人に会った。
　　　1　さっき　　　　2　偶然　　　　3　何度も　　　　4　やっと

(35) あの新入社員は図々しいですね。
　　　1　意地悪　　　　2　優秀　　　　3　厚かましい　　　4　消極的

(36) 彼とは大学を卒業して以来、連絡を取っていない。
　　　1　卒業したのに　　　　　　　　2　卒業したので
　　　3　卒業してから　　　　　　　　4　卒業する前は

(37) 妻に真実を伝えた。
　　　1　病気のこと　　　2　本当のこと　　　3　感謝の気持ち　　4　自分の考え

(38) この料理はヘルシーだ。
　　　1　おいしい　　　　2　ぜいたくだ　　　3　健康にいい　　　4　珍しい

(39) 大勢の前でののしられた。
　　　1　悪口を言われた　　　　　　　2　ほめられた
　　　3　殴られた　　　　　　　　　　4　笑われた

(40) 問題点をうやむやにしてはいけない。
　　　1　あいまいに　　　2　あべこべに　　　3　ややこしく　　　4　複雑に

- 13 -

2 読解問題

問題 1

次のメールを読んで問題に答えなさい。
答えは1・2・3・4の中から最も適当なものを1つ選びなさい。

2022/01/19　15:18

営業部各位

お疲れ様です。澤田です。
皆さんもご存じの通り、山口さんが来月から大阪支店に異動されます。
そこで、下記の日程で山口さんの送別会を行うことにいたします。
ぜひ皆様ご参加くださいますよう、お願い申し上げます。

日時　：1月28日（金）19：00～21：00
場所　：レストラン花の里
　　　　https://navi.co.jp/hanano-sato/reserve.XXXX
参加費：5,000円（送別会開始前に受付で集めます）

当日は直接会場にお越しください。
参加できない方がいらっしゃいましたら、1月26日（水）までに
澤田にご連絡ください。
連絡なく欠席された場合には、後日参加費をお支払いいただきます。

どうぞよろしくお願いいたします。

（41） 澤田さんはどうしてこのメールを送りましたか。
1　山口さんが大阪支店に異動することを知らせるため
2　山口さんの送別会の詳しい内容を連絡するため
3　山口さんの送別会を行うかどうか決めるため
4　山口さんの送別会の日程を決めるため

（42） このメールを読んだ人はこのあとまず何をしますか。
1　山口さんに挨拶に行く。
2　レストランに予約を入れる。
3　欠席する場合は澤田さんに知らせる。
4　澤田さんに参加費を渡す。

問題　2

次のメールを読んで問題に答えなさい。
答えは１・２・３・４の中から最も適当なものを１つ選びなさい。

2022/01/26　11:20

株式会社木村デザイン
広告制作部　幸田様

いつもお世話になっております。
タカヤマ食品、鈴木一郎です。

弊社では今年４月の新商品発売に合わせ、特設ウェブサイトを設ける計画をしております。以前貴社にご担当いただきましたウェブサイトの評判が大変良かったことから、ぜひまた制作をお願いしたいと考えております。

つきましては、制作期間、予算など詳細に関して一度ご相談させていただきたいのですが、下記のうち、お越しいただける日時はございますでしょうか。

【候補日時】
２月３日（木）11時〜、15時〜
２月４日（金）14時〜
２月８日（火）終日
※１時間程度を予定しております。

今月中にお返事をいただければ幸いです。
よろしくお願い申し上げます。

株式会社タカヤマ食品　事業部
鈴木　一郎
〒151-12××　東京都○○区○○町16-2
e-mail:suzuki@XXXX.co.jp
TEL：03-111-22××　FAX：03-111-22×○

（43）　幸田さんはこのあとまず何をしますか。
　　　1　ウェブサイト制作のスケジュールを決める。
　　　2　タカヤマ食品の新しいウェブサイトを作る。
　　　3　打ち合わせの可能日時を連絡する。
　　　4　鈴木さんと細かい打ち合わせを行う。

（44）　タカヤマ食品について、メールの内容と合っているのはどれですか。
　　　1　木村デザインに仕事を依頼したことがある。
　　　2　木村デザインから見積書を受け取った。
　　　3　新商品のインターネット販売を始める予定がある。
　　　4　会社紹介のウェブサイトを新しくする予定がある。

問題　3

次の文書を読んで問題に答えなさい。
答えは１・２・３・４の中から最も適当なものを１つ選びなさい。

2022 年 1 月 7 日

人事部長殿

起案部署：販売課
起案者名：水嶋　孝弘

バレンタイン商戦期の短期アルバイト募集について

　２月のバレンタイン商戦期にともない、本年も店頭販売及び商品整理作業において、短期採用によるアルバイト増員をお願いしたく、下記の通りお伺いいたします。

記

1．期間　　　2022 年 1 月 31 日（月）～ 2 月 14 日（月）
2．人数　　　短期アルバイト　計 50 人
3．理由　　　昨年の同時期のアルバイト募集では短期アルバイト 30 名を採用したが、2021 年 1 月にリニューアルオープンした店舗では来客数が急増したため、人員が不足し、接客の質も低下してしまう結果となった。そのため、今年は採用数を増やし、昨年人員が不足していた店舗に多く配置することで、よりよいサービスを提供したい。
4．求人方法　アルバイト紹介のフリーペーパー、ウェブサイト、近隣大学のアルバイト募集掲示板での募集
5．給与　　　日給 8,000 円（平日）、日給 9,000 円（土日祝日）
　　　　　　　別途交通費全額支給

以上

(45) 昨年の反省点として挙げられているのはどのようなことですか。

    1 アルバイトを雇わなかったこと

    2 アルバイトの人数が少なかったこと

    3 アルバイトの質が悪かったこと

    4 アルバイトが予定数集まらなかったこと

(46) 文書の内容と合っているのはどれですか。

    1 アルバイトは一定の期間だけ雇う予定である。

    2 今年新しくオープンした店が複数ある。

    3 アルバイト募集はインターネット上のみで行われる。

    4 アルバイトの日給には、交通費が含まれている。

問題　4

次の文書を読んで問題に答えなさい。
答えは１・２・３・４の中から最も適当なものを１つ選びなさい。

2022年1月12日

お得意様各位

株式会社フユタ
代表取締役　小泉茂雄

新製品発表会のお知らせ

拝啓　時下ますますご清祥のこととお慶び申し上げます。
平素は格別のお引き立てをいただき、誠にありがとうございます。

　さて、弊社ではかねてよりご好評いただいておりますFU-110に改良を加え、新しくFU-111を発売する運びとなりました。この新製品FU-111は、50%もの消費電力削減に成功いたしました。他にも、新機能の追加、性能の向上など、多くの改善を施しました。

　つきましては、一般発売に先がけお得意様にご覧いただきたく、下記のとおり新製品発表会を開催することといたしました。

　ご多用中とは存じますが、ぜひご出席くださいますようお願い申し上げます。

敬具

記

日時　　　　：2022年2月4日（金）　午後1時～3時
場所　　　　：フユタ記念ホール　5階
問い合わせ　：株式会社フユタ　広報部
電話　　　　：03-XXXX-1234

　会場へのアクセスは同封の地図をご覧ください。
　なお、準備の都合上、恐れ入りますが、1月28日までにご出席の可否を同封のはがきにてお知らせくださいますよう、お願い申し上げます。

以上

（47）　新製品はどのように改良されましたか。
　　　1　使用電力量が減った。
　　　2　サイズが小さくなった。
　　　3　重量が軽くなった。
　　　4　デザインが新しくなった。

（48）　文書の内容と合っているのはどれですか。
　　　1　1月28日に新製品の発表会が行われる。
　　　2　2月4日に新製品が発売される。
　　　3　出欠の返事は必要ない。
　　　4　この文書と一緒に地図とはがきが入っている。

問題　5

次の文章を読んで問題に答えなさい。
答えは１・２・３・４の中から最も適当なものを１つ選びなさい。

　　読者の方々の中には、ちょうど今40代前半ぐらいの方も多いと思います。40代前半は、仕事人生でいえばちょうど折り返し地点です。（＊１）定年までには、まだあと20年程度あるわけですが、とはいえ20年なんてあっという間に過ぎてしまいます。定年を迎えたときにどんな自分になっていたいか、同僚や部下からどういう部分について「あの人はこういうところが素晴らしかったよね」と言ってもらえるようになりたいか、自分にとっての目的地を真剣に考えなくてはいけない（＊２）時期に差しかかっています。

（＊１）定年…会社をやめる年齢
（＊２）時期に差しかかって…ちょうどその時期になって

（佐々木常夫『実践　７つの習慣　何を学び、いかに生きるか』PHP研究所より一部改）

(49)　　「40代前半」について、筆者はどのような時期だと考えていますか。
　　　１　定年までまだ余裕があり、時間がたっぷりある時期
　　　２　同僚や部下から今までやってきたことが認められる時期
　　　３　定年をどのように迎えたいかについて考え始める時期
　　　４　転職も含めた第二の人生を考えるべき時期

★　問題　6

次の文章を読んで問題に答えなさい。
答えは１・２・３・４の中から最も適当なものを１つ選びなさい。

　小さいときにあまり本を読まずに、想像力が(＊1)欠如したまま大人になってしまうのは恐ろしいことだ。文字通りの意味がとれるならまだいいが、自分の(＊2)思い込みだけで読むようになったら、その間違いを決して自分では修正できなくなってしまう。だいたい自分勝手なことをそのまま書いただけでは、相手が時間をかけて読んでくれるはずがない。相手の立場から自分の文章を読んだらどう受け取るだろうか、という想像力が身について初めて、自分の真意を相手に伝えることができ、相手の心を動かすような文章が書けるようになるのだろう。

（＊1）欠如した…不十分な。足りない
（＊2）思い込み…勝手な見方。思い違い

（酒井邦嘉『脳を創る読書　なぜ「紙の本」が人にとって必要なのか』
実業之日本社より一部改）

---

(50)　筆者は想像力が十分でなければ、どうなると言っていますか。
　　　1　自分の伝えたいことが相手に伝わらなくなる。
　　　2　自分の書きたいことが自由に書けなくなる。
　　　3　文章の間違いに気づけなくなる。
　　　4　文章を読むのに時間がかかるようになる。

問題　7

次の文章を読んで問題に答えなさい。
答えは１・２・３・４の中から最も適当なものを１つ選びなさい。

　　（＊１）讃岐うどんの製造、販売を行う「大庄屋」（香川県琴平町）は、（＊２）アウト
ドアでの調理を想定し、うどん生地とつゆをセットにした「野営うどん」を発売した。
　　同社のスタッフが 2018 年 10 月に三重県のキャンプイベントでうどん作りを指導し
たのが開発のきっかけ。キャンプの愛好者やキャンプ雑誌、専門ショップなどからア
イデアを募り、３年近い開発期間を経て商品化した。
　　（＊３）手打ち感覚で調理を楽しむとともに、使用する調理器具に適したサイズにし
てもらおうと、麺ではなく、厚さ５ミリ程度のシート状にした生地で販売。包丁で
カットするだけで、うどんの太さや長さ、量を自由に決められる。

（＊１）讃岐うどん…香川県で作られているうどんで日本の名物うどんの一つ
（＊２）アウトドア…屋外
（＊３）手打ち…機械を使わずに作ること

（「山陽新聞」2021 年９月２日配信より一部改）

---

(51)　「野営うどん」の特徴は何ですか。
　　1　キャンプの愛好者が開発したこと
　　2　生地を包丁で切る前の状態で販売すること
　　3　キャンプ用品の専門店で販売すること
　　4　調理器具を必要としないこと

── このページには問題はありません。──

問題　8

次のページのお知らせを読んで問題に答えなさい。
答えは１・２・３・４の中から最も適当なものを１つ選びなさい。

(52) 渡辺さんはまず、自分に合っている仕事を見つけることから就職活動を始めたいと思っています。どのブースに行けばいいですか。
1　ブースＡ
2　ブースＢ
3　ブースＣ
4　ブースＤ

(53) このイベントに参加したい人は、どうすればいいですか。
1　当日直接会場に行って申し込む。
2　事前にくらし・しごと支援センターに行って申し込む。
3　くらし・しごと支援センターに電話で申し込む。
4　くらし・しごと支援センターにメールで申し込む。

2023 年卒 大学生向け
★ 就活カフェ in 茨城 ★

『就活カフェ in 茨城』は、「就活って、何から始めたらいいの？」と疑問に
思っている学生のためのイベントです。
役立つ情報が得られたり、一緒に戦える仲間ができたりすることも！
ぜひお気軽にご参加ください！

ブースA	ブースB
職業適性検査	**自己PR と志望動機の書き方**
質問に答えるだけで「興味関心」「能力」の２つの観点から、あなたにぴったりの職業をご紹介します。	どうやって企業に自分をアピールしますか？とっておきの方法をご紹介します。
ブースC	ブースD
採用を勝ち取るための面接練習	**ビジネスマナー研修**
有名企業で人事経験のある面接官と本番に近い面接練習ができます！	就活を始める前に、まずは社会人としての基本マナーを身につけておきましょう！

日時　　：2022 年２月４日（金）10：00～17：00
場所　　：くらし・しごと支援センター　２階　セミナールーム
参加費　：無料
申し込み：メールでのみ受け付けます。本文にお名前、ご連絡先をご記入
　　　　　の上、下記アドレスまでお送りください。
　　　　　※受付は２月３日（木）まで

　　　　　くらし・しごと支援センター
　　　　　〒310-00XX　茨城県水戸市〇〇１－２－ＸＸ
　　　　　TEL：029-301-XXXX
　　　　　メール：kurashi-shigoto@ibaraki.XX.or.jp

問題　9

次の文章を読んで問題に答えなさい。
答えは１・２・３・４の中から最も適当なものを１つ選びなさい。

　　国土交通省は時間帯や曜日によって鉄道の運賃を上下させる変動料金制導入の検討を始めた。ダイナミックプライシングと呼ばれるこの手法は、ＩＣ乗車券を使って混雑時は高い運賃を課して利用を抑え、逆にすいた時間帯は安い運賃で需要を呼び込む仕組みだ。

　　需要の(＊１)平準化に効果があり、鉄道会社と乗客の双方にメリットが期待できる。(＊２)国交省は検討を加速し、早期の実現をめざすべきだ。

　　変動料金のアイデアが浮上したきっかけは昨年来の(＊３)コロナ禍だ。感染抑止に向けて満員電車の(＊４)「密」回避が求められただけではない。テレワークの普及などで鉄道需要が構造的に縮むなかで、鉄道各社の経営状況は大幅に悪化し、今も出口が見えない。

　　それを乗り越える方策の一つが価格メカニズムを活用した需要シフトだ。朝のラッシュの山を低くできれば、その分は使用する車両や要員の数を減らせるので、投資や人員配置の効率化がかなりの程度、進むだろう。

（…中略…）

　　人口減少が進むなかで、鉄道以外の公共交通やエネルギーなどのインフラビジネスでも需要の先細りが予想される。良質で安全なサービス水準を維持するには、設備や人材などの経営資源を今まで以上に有効活用する必要がある。需要の山を低くする変動料金は、そのための一つの道筋である。

（＊１）平準化…均一にすること
（＊２）国交省…国土交通省
（＊３）コロナ禍…新型コロナウイルス感染症が流行し、様々な問題が起きている状況
（＊４）「密」…ここでは、人が密集すること

（「日本経済新聞」2021年６月３日付より一部改）

(54) 「変動料金制」によってどんな効果が期待できると言っていますか。

　　1　利用客数の倍増

　　2　時間帯による利用率の均一化

　　3　運賃収入による収益の増加

　　4　ＩＣ乗車券の普及

(55) 文章の内容と合っているのはどれですか。

　　1　変動料金制では、ラッシュ時の運賃は高く設定される。

　　2　変動料金制による顧客へのメリットはあまり期待できない。

　　3　長年の経営不振を打開するため、変動料金制が検討された。

　　4　人口が減っても、鉄道の需要は今後増加すると見込まれている。

問題　10

次の文章を読んで問題に答えなさい。
答えは1・2・3・4の中から最も適当なものを1つ選びなさい。

　　ここでは、対（＊1）クライアントという場面の会話術を考えてみたい。

　　クライアントに（＊2）対したとき忘れてならないのは、「相手に『快』を与える言葉」
と「相手を『不快』にさせる言葉」があるということだ。

　　たとえば「おっしゃる通り」「ご存じの通り」「先ほどもご指摘があったように」
「充分ご理解いただいていることですが」「御社ならではのご実績」など、相手の発
言、理解、知識、実績を素直に（＊3）リスペクトする言葉は、相手を「快」にする。

　　逆に「再三、こちらが申し上げているように」「ご理解いただいていないようです
が」「お言葉ではありますが」「御社にはこれまでなかった」といったように、こち
らの主張を暗に正当化したり、相手に自分の至らなさを意識させてしまうような言葉
は、相手を「不快」にすると心得ていたほうがいい。

　　この「快」と「不快」の言葉の使い方は、相手のタイプ、これまでの関係、妥協点
などによって異なり、（＊4）画一的に論じることはできないが、この原則は守ったほう
がいい。

　　　　　　　　　　　　　　　（…中略…）

　　大切なことは、相手方がこちらと（＊5）相容れないような主張をする（＊6）局面にお
いても、頭から「（＊7）BUT」といわないこと。たとえ、正反対の見解を（＊8）突き
つけられても「おっしゃる通り」から始めるべきだろう。

（＊1）クライアント…客
（＊2）対した…接した
（＊3）リスペクトする…尊敬する、敬意を表す
（＊4）画一的に…全て同じように
（＊5）相容れない…相手を受け入れることができない
（＊6）局面…状況
（＊7）BUT…でも、しかし
（＊8）突きつけられても…示されても

（川北義則『一流の人の話し方』アスコムより一部改）

(56) 「相手を『快』にする」とありますが、どんな時、相手が「快」になると言っていますか。

   1　相手の会社の業績を称えた時
   2　相手が知らなかったことを教えた時
   3　相手が言った言葉を繰り返した時
   4　相手に自分の未熟さを示した時

(57) 筆者の考えに最も近いのはどれですか。

   1　客に不快なことを言われても我慢したほうがいい。
   2　自分の会社の主張をはっきり伝えたほうがいい。
   3　客に勘違いや誤解があればその場で指摘するべきである。
   4　相手と意見が異なる場合でも最初は肯定的なことを言ったほうがいい。

問題　１１

次の文章を読んで問題に答えなさい。
答えは１・２・３・４の中から最も適当なものを１つ選びなさい。

なぜ働いているのか

　毎日、一所懸命に働いていると、何のために仕事をしているかという点について、深く考えてみるひまがなくなる。とにかく働かなくてはいけないのだ、という漠然たる考えがあるだけで、毎日を(＊１)やみくもに突っ走っていたのでは、自分の方向性を見失ってしまう危険性が高くなる。

（…中略…）

　自分が仕事をしている目的や理由は、それぞれの人により、またそのときどきによって、さまざまに異なっている。いくつかの目的や理由が複雑にからみ合っている場合もあれば、一つの目的だけが(＊２)抜きんでている場合もある。重要なのは、自分が仕事をしている目的や理由について、分析したうえで再検討をしてみる点である。深く考えていけば、自分の仕事に対する姿勢に関して、反省しなくてはならない点にも思い至る。

　（　　Ａ　　）、仕事をするのは究極的には自分のためである。家族のためといっても、家族に対する自分の義務感を満足させたいためであったり、家族に尽くしたいという自分の気持ちを実行に移したいためである。社会のためという場合についても同様だ。

　結局は、自分の「欲」を掘り下げていって、その欲を効果的なかたちで満たすと同時に、その結果ができるだけ社会のためになるような方向へと誘導していく必要がある。そのような基本的姿勢を(＊３)堅持したうえで、現在の自分の仕事に対する目的意識を、はっきりと頭の中に植えこんで仕事に打ち込むのだ。

（＊１）やみくもに…むやみに
（＊２）抜きんでている…他のものより特に優れている
（＊３）堅持した…かたく守り続けた

(山﨑武也『一流の仕事術　仕事を極めるための100の法則』PHP研究所より一部改)

(58)　（　A　）に入る言葉はどれですか。
1　むしろ
2　だからこそ
3　すなわち
4　いずれにしても

(59)　「基本的姿勢」とは、どのような姿勢ですか。
1　できるだけ自分の欲を抑え、社会のために働こうとする姿勢
2　自分の欲を満たしつつ、社会への貢献を目指そうとする姿勢
3　自分のためではなく、家族や社会に尽くそうとする姿勢
4　自分が仕事を通じて実現したことを常に分析しようとする姿勢

(60)　文章の内容と合っているのはどれですか。
1　仕事の目的がわからない人も毎日働いていれば自然とわかるようになる。
2　仕事の目的が複数あるほうが自分の方向性を見失いにくい。
3　時間の経過とともに仕事の目的が変わってしまうのはよくない。
4　仕事の目的を明確にしたうえで仕事に臨むのがよい。

3 漢字問題

A 次のひらがなの漢字をそれぞれ1・2・3・4の中から1つ選びなさい。

(61) 昨日の試合、ざんねんだったね。
1 残留　　　　2 残念　　　　3 適当　　　　4 散歩

(62) みどりが多いところに住みたい。
1 緑　　　　2 葉　　　　3 草　　　　4 庭

(63) 名刺をこうかんする。
1 好感　　　　2 公務　　　　3 交換　　　　4 口述

(64) 一列にならんでください。
1 並んで　　　　2 叫んで　　　　3 包んで　　　　4 拝んで

(65) 空気がかんそうしている。
1 関税　　　　2 筆算　　　　3 乾燥　　　　4 簡略

(66) ひさしぶりに日本に帰国した。
1 辛し　　　　2 恋し　　　　3 久し　　　　4 涼し

(67) 朝から晩まで畑をたがやした。
1 許した　　　　2 荒した　　　　3 耕した　　　　4 被した

(68) 道路にかんを捨ててはいけない。
1 缶　　　　2 患　　　　3 観　　　　4 環

(69) 彼はそしょうを起こすつもりだ。
1 宣誓　　　　2 訴訟　　　　3 猛威　　　　4 奮闘

(70) じゅうじつした日々を過ごしている。
1 忠実　　　　2 充実　　　　3 従順　　　　4 潤沢

(71) 林選手は記録を2秒ちぢめた。
　　　1　狭めた　　　　　2　削めた　　　　　3　勧めた　　　　　4　縮めた

(72) 体のおとろえを感じる。
　　　1　飢え　　　　　　2　癒え　　　　　　3　肥え　　　　　　4　衰え

(73) 博物館に古いかへいが展示されている。
　　　1　彫刻　　　　　　2　貨幣　　　　　　3　碁盤　　　　　　4　磁器

(74) さむらいの時代に興味がある。
　　　1　侍　　　　　　　2　僧　　　　　　　3　刀　　　　　　　4　帝

(75) 地震でへいが崩れた。
　　　1　堀　　　　　　　2　巣　　　　　　　3　墓　　　　　　　4　塀

B　次の漢字の読み方を例のようにひらがなで書いてください。

・ひらがなは、正しく、ていねいに書いてください。

・漢字の読み方だけ書いてください。

（例）　はやく書いてください。 ［ ］

（例）	か

---

(76)　幼い子供を育てる。

(77)　火事で家を失った。

(78)　製品の完成までに10年を費やした。

(79)　駅周辺の地図を見る。

(80)　この建物は少し傾いている。

(81)　仲間と劇を作る。

(82)　食糧が貯蔵されている。

(83)　彼と過ごした日々は忘れ難い。

(84)　この道は峠に続いている。

(85)　松本課長は謙虚な人だ。

(86)　経緯を説明してください。

(87)　無駄な会議に時間を使うのは惜しい。

(88)　あれは大学の寮だ。

(89)　規制は徐々に緩和される見通しだ。

(90)　趣のある家に住む。

4 記述問題

A 例のように_____に適当な言葉を入れて文を作ってください。

・文字は、**正しく、ていねいに書いてください。**

・漢字で書くときは、**今の日本の漢字を正しく、ていねいに書いてください。**

（例）　きのう、_____でパンを_____。
　　　　　　　　　　　　（A）　　　　　　　　　　（B）

（例）	（A）	スーパー	（B）	買いました

---

(91) 空が明るくなってきた。

　昨日から_____続いていた雨が、もうすぐ_____そうだ。
　　　　　　　（A）　　　　　　　　　　　　　　　　　　　　（B）

(92) 私の趣味は読書です。時間さえ_____ば、本を_____います。
　　　　　　　　　　　　　　　　　　（A）　　　　　　　　（B）

(93) A：手紙を出しに_____ついでに、コンビニに寄ってくるよ。
　　　　　　　　　　　　（A）

　　B：じゃ、何か食べ物、買ってきて。おなかが_____しょうがないんだ。
　　　　　　　　　　　　　　　　　　　　　　　　　　　　（B）

(94) （店で）
　　A：ここのラーメン_____ね。
　　　　　　　　　　　　（A）

　　B：うん。ここまで食べに_____かいがあったね。
　　　　　　　　　　　　　　　　　（B）

(95) 明日の会議の資料がまだ完成_____ので、
　　　　　　　　　　　　　　　　　　（A）

　　今日は残業せざるを_____だろう。
　　　　　　　　　　　　　（B）

B　例のように３つの言葉を全部使って、会話や文章に合う文を作ってください。

・【　　　】の中の文だけ書いてください。
・1.→2.→3.の順に言葉を使ってください。
・言葉の＿＿の部分は、形を変えてもいいです。
・文字は、正しく、ていねいに書いてください。
・漢字で書くときは、今の日本の漢字を正しく、ていねいに書いてください。

（例）
きのう、【　1.　どこ　　→　2.　パン　　→　3.　買う　】か。

（例）	どこでパンを買いました

(96)

まだ使うので、【　1.　電気　→　2.　つける　→　3.　おく　】ください。

(97)

商品を購入した【　1.　年代　→　2.　調べる　→　3.　ところ　】、
特に10代に人気があることがわかった。

(98)
岡田：引っ越し、無事に終わってよかったね。
鈴木：ええ。岡田さんが【　1.　手伝う　→　2.　くれる　→　3.　おかげ　】
　　　早く終わりました。

(99)

持っていたお金は【　1.　すべて　→　2.　使う　→　3.　きる　】しまった。

(100)

パーティーの準備はできたので、
あとは【　1.　客　→　2.　到着する　→　3.　待つ　】ばかりだ。

J.TEST

実用日本語検定

聴 解 試 験

1 写真問題 （問題1〜10）

例題1→	れい1	●	②	③	④
例題2→	れい2	①	②	●	④

例題1→　れい1　● ② ③ ④　（答えは解答用紙にマークしてください）
例題2→　れい2　① ② ● ④　（答えは解答用紙にマークしてください）

A　問題1
　　問題2

B　問題3
　　問題4

C　問題5
　　問題6

D　問題7
　　問題8

E　問題9

F　　問題10

2 聴読解問題 （問題11〜20）

例題	①	② 株式会社ＧＫ出版

例題1
例題2

営業部
　部長　吉田　一　郎
　　　YOSHIDA　Ichiro

③ 〒130-0021 東京都墨田区緑×-×-×
　 TEL:03-3633-xxxx　E-mail:yoshida@XX.jp ④

例題1→ | れい1 | ① ● ③ ④ | （答えは解答用紙にマークしてください）
例題2→ | れい2 | ① ② ● ④ | （答えは解答用紙にマークしてください）

G

問題11

① 今日の午前
② 今日の午後
③ 明日の午前
④ 明日の午後

問題12

① 発表（はっぴょう）
② 会議（かいぎ）への出席（しゅっせき）
③ 荷物（にもつ）の発送
④ 荷物の準備（じゅんび）

- 44 -

H　問題13
　　問題14

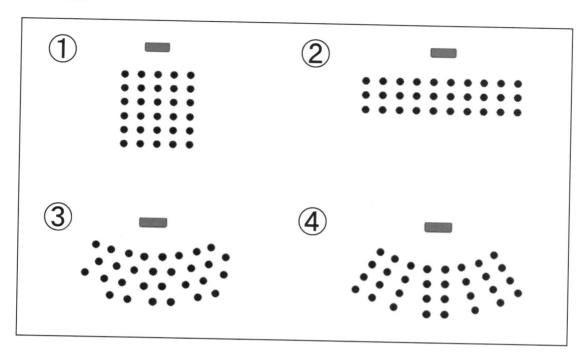

I　問題15
　　問題16

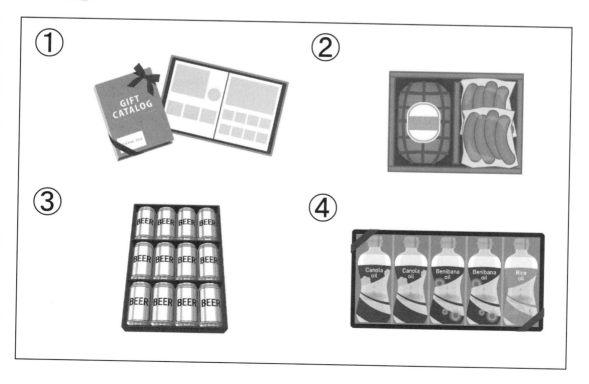

J 問題17
  問題18

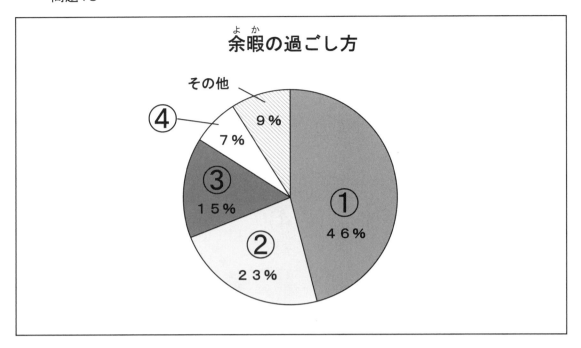

K 問題19
  問題20

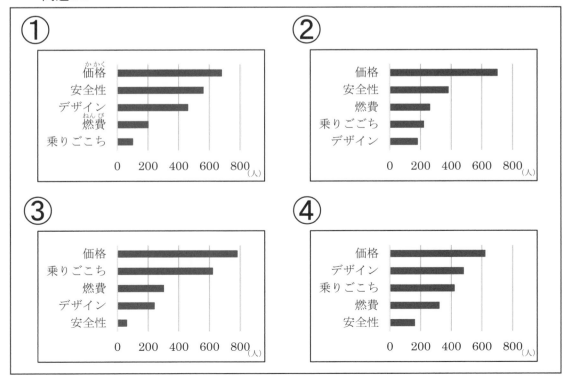

3 応答問題 （問題21〜40）

（問題だけ聞いて答えてください）

| 例題1 → | れい1 | ● ② ③ | （答えは解答用紙にマークしてください） |
| 例題2 → | れい2 | ① ● ③ | （答えは解答用紙にマークしてください） |

問題21

問題22

問題23

問題24

問題25

問題26

問題27

問題28

問題29

問題30

問題31

問題32

問題33

問題34

問題35

問題36

問題37

問題38

問題39

問題40

メモ（MEMO）

4 会話・説明問題 (問題41〜55)

1

問題41　1　3時45分
　　　　2　3時50分
　　　　3　3時55分

問題42　1　打ち合わせの準備をしっかりすること
　　　　2　約束の時間をもう一度確認すること
　　　　3　相手の迷惑にならない時間に着くようにすること

2

問題43　1　天気が悪いから
　　　　2　出演者の到着が遅れているから
　　　　3　チケットが売れなかったから

問題44　1　12時に中央広場へ行く。
　　　　2　12時にホールBへ行く。
　　　　3　16時にホールBへ行く。

3

問題45　1　課長によく叱られているから
　　　　2　朝早く起きなければならないから
　　　　3　残業が多く、帰るのが遅いから

問題46　1　山中さんとお酒を飲みに行く。
　　　　2　山中さんを昼ご飯に誘う。
　　　　3　山中さんと会議室で話す。

4

問題47　1　カタログを探す。
　　　　2　インターネットで棚を注文する。
　　　　3　インターネットで棚のサイズを調べる。

問題48　1　業者と一緒にコピー機を入れ替える。
　　　　2　業者が来た時に対応する。
　　　　3　業者から棚を受け取る。

5

問題49　1　文字が1種類ではないから
　　　　2　漢字に魅力を感じるから
　　　　3　日本の小説が好きだから

問題50　1　英語で書いてから日本語に翻訳している。
　　　　2　パソコンを使用している。
　　　　3　原稿用紙に手書きしている。

6

問題51　1　納期
　　　　2　生産量
　　　　3　価格

問題52　1　男性に発注数を変更してもらう。
　　　　2　男性の要求について上司に相談する。
　　　　3　製品について男性に詳しく説明する。

7

問題53　1　面談の時間が長いこと
　　　　2　実施回数が多いこと
　　　　3　参加人数が2人であること

問題54　1　効果的に実行することが難しかった。
　　　　2　多忙な時ほど有効な手段だった。
　　　　3　効果はあったが、部下に負担がかかってしまった。

問題55　1　話しやすい職場の雰囲気作りが大切だ。
　　　　2　ミーティングの参加人数を増やすべきだ。
　　　　3　部下に気軽に話し掛けないほうがいい。

終わり

実用日本語検定

TEST OF PRACTICAL JAPANESE

J.TEST

受験番号		氏　名	

注　意

1　試験が始まるまで、この問題用紙を開けないでください。

2　この問題用紙は、全部で４１ページあります。

日本語検定協会／Ｊ．ＴＥＳＴ事務局

J.TEST

実用日本語検定

読 解 試 験

1　文法・語彙問題

A　次の文の（　　　　）に1・2・3・4の中から最も適当な言葉を入れなさい。

（1）　木村さんは（　　　）上に親切なので、人気がある。
　　　　1　きれい　　　　2　きれいな　　　3　きれいに　　　4　きれいで

（2）　課長に試験結果を聞かれ、彼女は得意（　　　）に答えた。
　　　　1　さ　　　　　　2　み　　　　　　3　な　　　　　　4　げ

（3）　彼女は仕事を覚えるのが早いので、（　　　）がいがある。
　　　　1　教えた　　　　2　教え　　　　　3　教えて　　　　4　教える

（4）　彼は趣味のギター（　　　）、話が止まらない。
　　　　1　にわたって　　2　にあたって　　3　かと思うと　　4　のこととなると

（5）　「個人情報に関するお問い合わせには、お答え（　　　）かねます」
　　　　1　す　　　　　　2　して　　　　　3　し　　　　　　4　する

（6）　松田さんは（　　　）このかた、遅刻したことがない。
　　　　1　入社する　　　2　入社し　　　　3　入社した　　　4　入社して

（7）　彼の話は信じる（　　　）値する。
　　　　1　に　　　　　　2　が　　　　　　3　を　　　　　　4　で

（8）　若手社員に厳しく注意して、会社を辞められては（　　　）
　　　　1　かなわない　　2　なんともない　3　たえない　　　4　いられない

（9）　入院中は歩くこと（　　　）おろか、立ち上がることもできなかった。
　　　　1　と　　　　　　2　は　　　　　　3　に　　　　　　4　の

（10）　彼は腹立ち（　　　）社長を殴ってしまった。
　　　　1　まぎれに　　　2　まみれに　　　3　ずくめに　　　4　がてらに

（11）　御社の協力（　　　）、このプロジェクトを成功させることはできません。
　　　　1　ならでは　　　2　なくして　　　3　なりに　　　4　ならまだしも

(12) 天気が悪かった（　　　）もあって、客足が伸びなかった。

1　つもり　　　　　2　うち　　　　　　3　こと　　　　　4　もの

(13) うちの会社は成果を出したら出した分（　　　）、評価してもらえるシステムだ。

1　が　　　　　　　2　に　　　　　　　3　から　　　　　4　だけ

(14) 仕事というものは（　　　）ようによっては、面白くもつまらなくもなる。

1　やる　　　　　　2　やり　　　　　　3　やって　　　　4　やった

(15) あの子はまだ小学生なのに、子供（　　　）ものの言い方をする。

1　を前提に　　　　　　　　　　　　　2　もそこそこに
3　の様相を呈する　　　　　　　　　　4　らしからぬ

(16) A：「部長の話って、本当に長いよね」
　　 B：「うん。いつも（　　　）、眠くなっちゃうんだよね」

1　聞いているとみえて　　　　　　　　2　聞いているうちに
3　聞いてからでないと　　　　　　　　4　聞いているからといって

(17) 太田：「伊藤君が作った資料に間違いがあったって、部長が怒ってたよ」
　　 山本：「僕も確認したけど、（　　　）あんなのは間違いのうちに入らないよ」

1　僕に言わせれば　　　　　　　　　　2　伊藤君しだいでは
3　正しいデータというより　　　　　　4　注意した上で

(18) A：「大丈夫？　何か手伝おうか」
　　 B：「ありがとう。だけど、一人でできると（　　　）、できるところまでやって
　　　　 みるよ」

1　言って以来　　　　　　　　　　　　2　言ったものの
3　言うか否か　　　　　　　　　　　　4　言った以上

(19) 岡田：「お子さん、春から高校生なんですか。楽しみですね」
　　 中村：「ええ。でも、（　　　）お金がかかって大変なんですよ」

1　高校生だと思いきや　　　　　　　　2　高校生ともなると
3　高校生ではあるまいし　　　　　　　4　高校生であれ

(20) A：「元気がないけど、どうしたの？」
　　 B：「（　　　）彼女のことをほったらかしにしていたら、別れたいって…」

1　仕事はさておき　　　　　　　　　　2　仕事の合間に
3　仕事すら　　　　　　　　　　　　　4　仕事にかまけて

B　次の文の（　　　）に1・2・3・4の中から最も適当な言葉を入れなさい。

(21)　ここからの（　　　）は素晴らしいですね。
　　　1　立場　　　　　2　風景　　　　　3　世紀　　　　　4　気温

(22)　私の故郷は自然が（　　　）だ。
　　　1　おしゃれ　　　2　盛ん　　　　　3　高級　　　　　4　豊か

(23)　あやしい男に追いかけられ、（　　　）人に助けてもらった。
　　　1　通りかかった　2　溶け込んだ　　3　飛び込んだ　　4　取り出した

(24)　宮本さんは入社20年目の（　　　）社員だ。
　　　1　マラソン　　　2　ベテラン　　　3　グラフ　　　　4　グリーン

(25)　傘を（　　　）電車の中に忘れてしまった。
　　　1　さっぱり　　　2　ぐっすり　　　3　うっかり　　　4　ぴったり

(26)　道の（　　　）が狭く、バスが通れない。
　　　1　陸　　　　　　2　谷　　　　　　3　幕　　　　　　4　幅

(27)　最近、課長が（　　　）親切で、気味が悪い。
　　　1　潔く　　　　　2　いやに　　　　3　元来　　　　　4　じきに

(28)　彼女と電話をしていたら、楽しみにしていた番組を（　　　）しまった。
　　　1　見失って　　　2　見落として　　3　見逃して　　　4　見違えて

(29)　経験豊富な山本さんがチームに入ってくれるなら、大変（　　　）。
　　　1　煙たい　　　　2　心強い　　　　3　素早い　　　　4　汚らわしい

(30)　新型コロナウイルス対策によって、財政が（　　　）している。
　　　1　逼迫　　　　　2　俯瞰　　　　　3　僭越　　　　　4　失念

C 次の文の_____の意味に最も近いものを1・2・3・4の中から選びなさい。

(31) 彼には短所がないと思う。
1 夢　　　　　　2 欠点　　　　　3 不満　　　　　4 家

(32) その商品は午前中に売り切れた。
1 配達した　　　2 到着した　　　3 全部売れた　　4 出来上がった

(33) すみやかに中止を決定した。
1 よく考えて　　2 仕方なく　　　3 落ち着いて　　4 すぐに

(34) 厄介な仕事を頼まれた。
1 重要な　　　　2 苦手な　　　　3 簡単な　　　　4 面倒な

(35) 出張は8月以降に変更になった。
1 8月より前　　2 8月中　　　　3 8月よりあと　4 8月以外

(36) 新人の上田さんは毎日張り切って仕事をしている。
1 頑張って　　　2 大変そうに　　3 のんびり　　　4 嫌そうに

(37) 私は家族を養う義務がある。
1 養わなければならない　　　　2 家族を養わなくてもいい
3 養っている　　　　　　　　　4 養う能力がある

(38) 鈴木さんは部長のことを崇拝しているようだ。
1 とても嫌って　　　　　　　　2 軽蔑して
3 心から尊敬して　　　　　　　4 誤解して

(39) このレストランの接客は申し分ない。
1 失礼だ　　　　2 完璧だ　　　　3 過剰だ　　　　4 丁寧だ

(40) 新製品のスペックが決まった。
1 発売　　　　　2 入荷　　　　　3 仕様　　　　　4 名前

2 読解問題

問題 1

次のメールを読んで問題に答えなさい。
答えは1・2・3・4の中から最も適当なものを1つ選びなさい。

2022/03/02 09:31

件名：第一回研修会の報告書について

営業部 吉井さん

お疲れさまです。総務部佐山です。
2月20日の第一回研修会の報告書につきまして、
締め切りは2月末となっておりましたが、まだご提出いただいておりません。
数日中に直接総務部にお持ちくださいますようお願いいたします。

今後の研修会ですが、第二回は3月15日、第三回は3月27日を予定しております。
詳しくは来週初めにメールでお知らせいたします。
なお、研修会が近くなりましたら、業務を調整し、所属長から研修会参加の許可を
お取り願います。

以上、どうぞよろしくお願いいたします。

総務部 佐山

---

(41)　吉井さんはこのメールを受け取ったあと、まず何をしますか。

　　　1　総務部にメールで報告書を提出する。

　　　2　総務部に報告書を持って行く。

　　　3　上司に報告書を提出する。

　　　4　佐山さんに報告書をもらいに行く。

(42)　次回の研修会はいつですか。

　　　1　2月下旬

　　　2　3月上旬

　　　3　3月中旬

　　　4　3月下旬

問題　2

次のメールを読んで問題に答えなさい。
答えは１・２・３・４の中から最も適当なものを１つ選びなさい。

2022/02/10　13:30

株式会社INC
井上紘一様

お世話になっております。
株式会社カメヤマ商事の小林美香です。

１月25日付で注文した15.6型ノートパソコン50台が本日到着いたしました。ご対応ありがとうございました。
ところが、説明書どおりに電源をつなぎ、使用を試みましたところ、<u>２台に不具合が見つかりました。</u>
１台はキーボードが反応せず、文字の入力ができませんでした。
もう１台は電源が入りません。充電を十分に行ってから試しても同様でした。

つきましては、この２台は返品いたしますので、代わりの品を至急お送りいただきますよう、お願いいたします。
２月20日までに送っていただけると幸いです。

よろしくお願いいたします。

株式会社カメヤマ商事　資材部
小林　美香
〒156-XXXX　東京都世田谷区〇〇14-5
e-mail:kobayashi-mika@XXXX.co.jp
TEL：03-XXXX-1233　FAX：03-XXXX-1234
----

(43) 「2台に不具合が見つかりました」とありますが、どんな不具合がありましたか。
　　1　2台とも、キーボードが反応しなかった。
　　2　2台とも、電源が入らなかった。
　　3　1台はキーボードが使えず、もう1台は充電ができなかった。
　　4　1台はキーボードが使えず、もう1台は電源が入らなかった。

(44) 井上さんは2月20日までに何をしなければなりませんか。
　　1　カメヤマ商事に新しいノートパソコンを2台送る。
　　2　カメヤマ商事から届くノートパソコン2台を受け取る。
　　3　カメヤマ商事に行ってノートパソコンを修理する。
　　4　カメヤマ商事にノートパソコンの説明書を送る。

問題　3

次の文書を読んで問題に答えなさい。
答えは１・２・３・４の中から最も適当なものを１つ選びなさい。

2022年３月20日

社員各位（かくい）

人事部

リフレッシュ休暇（きゅうか）制度導入（どうにゅう）のお知らせ

４月１日より新しくリフレッシュ休暇が導入されます。４月１日時点で入社後１年以上の全社員を対象（たいしょう）とし、年に１回、連続３日間の休暇が付与されます。

近年、日本では長時間労働が問題となっています。我が社（わがしゃ）では以前より残業時間削減（さくげん）等の働き方改革（かいかく）や休暇制度見直しに取り組んできました。昨年導入されたボランティア休暇は、現在多くの社員に利用され好評（こうひょう）を得ております。

今回のリフレッシュ休暇は社員の心身の疲労回復（かいふく）を目的とし導入されることになりました。この休暇制度は目的が限定されたボランティア休暇とは異なり、使い方に制限はありません。詳細（しょうさい）は下記のとおりです。

記

1. 取得日数　　平日の連続３日間
　　　　　　　　土日祝日（しゅくじつ）を休暇の間に挟む（はさ）ことが可能

2. 賃金（ちんぎん）　　100%有給とする

3. その他　　　取得の際は、２週間前までに届け出る（とど・で）こと

以上

（45）　この会社について、文書の内容と合っているのはどれですか。
1　休暇制度が２年連続で新しく導入される。
2　有給休暇が取得しづらい。
3　ボランティア休暇を利用する社員が少ない。
4　長時間労働が問題になっている。

（46）　新しい休暇制度について、文書の内容と合っているのはどれですか。
1　入社時期に関わらず、全社員が取得できる。
2　勤続年数に応じて取得可能な日数が増える。
3　３日間まとめて取得しなければならない。
4　最大２週間取得が可能だ。

問題　4

次の文書を読んで問題に答えなさい。
答えは１・２・３・４の中から最も適当なものを１つ選びなさい。

2022年3月1日

学校法人大山大学
田中　健一　先生

株式会社　ハナキ物産
総務課　丸山　恵子

研修会講師のお願い

　拝啓　田中先生におかれましては、ますますご健勝のこととお慶び申し上げます。

　株式会社ハナキ物産の丸山恵子です。昨年5月の研修会では講師を務めていただきありがとうございました。

　毎年先生のご講演は非常に好評を博しており、大変感謝しております。

　さて、本年度、弊社はアジアへの輸出の拡大を計画しております。つきましては、研修の一環として今回もアジア経済の分野でご活躍の田中先生に是非とも「アジア経済の今後」をテーマにご講演を賜りたくお願い申し上げます。

　御多忙中とは存じますが、例年同様、ご快諾くださいますよう心からお願い申し上げます。詳細につきましては、後日ご説明に伺います。

　まずは書面をもちましてお願い申し上げます。

敬具

記

- ・日　　時　　2022年5月10日（火）10：00～11：00
- ・場　　所　　大阪ホール6階
- ・参加予定者　約50名（営業部社員）
- ・連絡先　　　総務課　丸山恵子（電話　045-566-XXXX）

以上

（47）　田中先生について、文書の内容と合っているのはどれですか。
　　　1　講演の評判がよかったことを丸山さんに感謝している。
　　　2　昨年は多忙のため講演できなかった。
　　　3　毎年講演を頼まれている。
　　　4　すでに今年の講演を引き受けている。

（48）　文書の内容と合っているのはどれですか。
　　　1　丸山さんは田中先生を訪ねる予定である。
　　　2　今年の講演テーマは未定である。
　　　3　ハナキ物産は今後、アジアへの輸出を始める予定である。
　　　4　社外の人も講演を聞くことができる。

問題　5

次の文章を読んで問題に答えなさい。
答えは１・２・３・４の中から最も適当なものを１つ選びなさい。

　すぐやる人はいきなり(＊)完璧を目指しません。なぜなら、世の中のほとんどのものは、やってみなければわからないものばかりだからです。

　皆さんもご存じの通り時代はすごいスピードで変化しています。昨日の正解は、今日の正解ではないかもしれません。今までうまくいっていたものが通用しないなんてことは本当によくあることなのです。

　だから重要なのは、いきなり正解を求めることよりも、とにかく行動をしてみること。そしてうまくいかなかったら、修正を加えて改善していきます。これが遠回りなようで、一番の近道なのです。

（＊）完璧…少しも欠点がなく立派なこと

（塚本亮『「すぐやる人」のノート術』明日香出版社より一部改）

（49）　筆者の考えと合っているのはどれですか。
　　　　1　よく考えてから行動したら失敗が少なくなる。
　　　　2　時代の変化に合うように先のことまで考えて行動したほうがいい。
　　　　3　物事がうまくいっている場合でも常に修正を繰り返したほうがいい。
　　　　4　うまくいくかわからなくても、まずはやってみたほうがいい。

問題　6

次の文章を読んで問題に答えなさい。
答えは１・２・３・４の中から最も適当なものを１つ選びなさい。

　マンガは絵の上手い下手で価値が決まるものではない。むしろ落書きのように、気ままに、思うままに描くからこそ、よさがあらわれる。

　　　　　　　　　　　　　　　　（…中略…）

　(＊1)荒唐無稽、おおげさ、デタラメ、(＊2)支離滅裂……それこそがマンガの底力を生む。世の中の(＊3)杓子定規なあり方から自然と距離を取ろうとする態度がマンガ表現に結びつくわけで、そこにあらわれる開放感こそ、実は多くの人が、心のなかで求めていることなのだ。もちろんマンガにはリアルな作風のものもある。けれども、リアルななかに、どこかマンガ本来の要素が宿っているはずであり、だからこそ、「面白い！」と読者に受け取ってもらえるのだ。

（＊1）荒唐無稽…根拠がなくて現実的ではないこと
（＊2）支離滅裂…めちゃくちゃなこと
（＊3）杓子定規な…融通が利かず、頭が固い

（澤村修治［文学博士・千葉大学］『日本マンガ全史「鳥獣戯画」から「鬼滅の刃」まで』
平凡社より一部改）

---

(50)　筆者によると、読者が「面白い！」と感じるのはマンガのどういうところですか。
　　1　開放感があるところ
　　2　現実的な作風であるところ
　　3　絵が上手に描かれているところ
　　4　有名な作者によって描かれているところ

問題　7

次の文章を読んで問題に答えなさい。
答えは１・２・３・４の中から最も適当なものを１つ選びなさい。

　（＊1）ローソンは６月、埼玉県狭山市の店舗を「書店併設型」に改装してオープンした。弁当、おにぎり、日用品といったなじみの商品に加え、本や雑誌など約１万５千冊をそろえている。

　書店併設型店は数年前から埼玉、神奈川、広島の３県で21店を展開。これらの店は地域の書店の協力で書籍をそろえているが、狭山市の店舗は、新たに連携した（＊2）出版取次大手の日本出版販売から仕入れる。全国をカバーする仕入れルートがあれば、近くに書店がなくても柔軟に出店できる。

（＊１）ローソン…コンビニエンスストアを経営する企業
（＊２）出版取次…出版社と書店をつなぐ流通業者

（「朝日新聞」2021年８月20日付より一部改）

---

(51)　ローソンについて、文章の内容と合っているのはどれですか。
　　　1　すでにある書店内にコンビニを出店した。
　　　2　以前はコンビニ内で売る本を出版取次から仕入れていた。
　　　3　狭山市の「書店併設型」のコンビニは本の仕入れ先が従来と異なる。
　　　4　本屋がない町に「書店併設型」のコンビニを21店舗作った。

── このページには<ruby>問題<rt>もんだい</rt></ruby>はありません。──

問題　8

次のページの案内を読んで問題に答えなさい。
答えは 1・2・3・4 の中から最も適当なものを 1 つ選びなさい。

(52)　内田さんはさくら市の隣町に住み、さくら市の会社に通っています。さくら市の
　　　図書館で貸出カードを作りたいです。図書館のカウンターに何を持って行けばいい
　　　ですか。
　　　1　本人確認書類
　　　2　本人確認書類と社員証
　　　3　利用申込書と本人確認書類
　　　4　利用申込書、本人確認書類および社員証

(53)　河野さんはインターネットで本を予約できるようにしたいと思っています。貸出
　　　カードはすでに持っています。河野さんはまずどうすればいいですか。
　　　1　図書館のホームページから図書館にメールする。
　　　2　図書館のホームページからパスワードを登録する。
　　　3　必要書類を持って図書館のカウンターに行く。
　　　4　貸出カードを持って図書館のカウンターに行く。

さくら市総合図書館利用案内

【開館時間】
・平日 ：午前10時～午後8時
・土日祝日：午前10時～午後7時
　※年末年始と月曜日は休館日です。

【登録（初めて図書を借りるとき）】
※さくら市にお住まいの方、またはさくら市内に通勤、通学している方は貸出
　カードを作ることができます。
　図書館にある利用申込書に必要事項を記入し、以下の書類とともに図書館の
　カウンターでお申し込みください。お申し込み当日から図書の貸出が可能で
　す。
＜登録に必要なもの＞

さくら市に お住まいの方	・住所、氏名が確認できる本人確認書類 （運転免許証、健康保険証、学生証など）
さくら市内に 通勤、通学している方	・住所、氏名が確認できる本人確認書類 （運転免許証、健康保険証、学生証など） ・さくら市内に通勤、通学していることが分かる 　書類（社員証、学生証など）

※貸出カードの有効期限は5年です。（5年ごとに更新手続きが必要）

★インターネットサービス★
インターネットから本の予約ができます！
＜利用できる方＞
・当図書館の貸出カードをお持ちの方
＜利用方法＞
　まず、図書館のホームページからパスワード登録をしてください。
　登録後、ログインすると、ホームページ上で本の予約が可能になります。
　※パスワードの登録は貸出カード1枚につき1つだけとさせていただきます。

問題　9

次の文章を読んで問題に答えなさい。
答えは１・２・３・４の中から最も適当なものを１つ選びなさい。

　飲料容器をペットボトルからアルミ缶へ変える動きがじわじわと広がっている。「無印良品」を展開する（＊１）良品計画が４月に切り替え、（＊２）ダイドードリンコも商品を拡充した。プラスチックごみによる海洋汚染問題などを背景に、アルミのリサイクル特性が見直されているためだ。

　良品計画はお茶や炭酸飲料など全12商品の容器をアルミ缶に変更した。同社が注目したのが同じ製品に繰り返し再生できる「水平リサイクル」の比率で、24.3％のペットボトルに対し、アルミ缶は71.0％と高い。

　ペットボトルはペットボトルへの再生を繰り返すと強度が低くなるため、食品トレーなどに生まれ変わる例が多い。アルミ缶は（＊３）遮光性が高いため中身が劣化しにくく、（＊４）食品ロス削減につながることも背中を押した。

　ダイドードリンコは今年、コーヒーやスポーツ飲料などでアルミ缶を採用。循環型社会に向けた取り組みの一環として導入した。

　英国で６月に開催された主要７カ国首脳会議（Ｇ７サミット）で提供されたミネラルウオーターはアルミ缶だった。家庭用品の（＊５）ユニリーバが４月にアルミ容器のシャンプーを米国で発売するなど、容器の原料やリサイクルへの関心は世界的に高まるばかりだ。

（＊１）良品計画…衣料品や食料品などを製造・販売している日本企業
（＊２）ダイドードリンコ…日本の飲料メーカー
（＊３）遮光性…光を通さない性質
（＊４）食品ロス…まだ食べられる食品を捨ててしまうこと
（＊５）ユニリーバ…家庭用品を製造・販売している多国籍企業

（「共同通信社」2021年8月4日配信より一部改）

(54) 文章によると、アルミ缶の特徴は何ですか。
1　中身が劣化しやすい。
2　リサイクルすると強度が下がる。
3　同じ製品にリサイクルしやすい。
4　遮光性がない。

(55) 文章の内容と合っているのはどれですか。
1　使用済み容器をメーカーで回収しようという動きが広がっている。
2　取り扱っている飲料の容器を全て、ペットボトルからアルミ缶に変更した企業がある。
3　6月に開催された国際会議で海洋プラスチックごみ問題が取り上げられた。
4　良品計画がアルミ容器のシャンプーを発売した。

問題　10

次の文章を読んで問題に答えなさい。
答えは１・２・３・４の中から最も適当なものを１つ選びなさい。

　なんだか嫌な性格の人ほど出世するなと感じたことはありませんか？

　実はその直感は間違っていません。最近、リーダーシップ研究や組織管理研究において、昇進と性格の関連性というのが英語圏でも研究されているのですが、アメリカ心理学会が発行している「Journal of Personality and Social Psychology」誌に掲載された研究は、そのような直感の正しさを証明しています。

　この調査によれば、協調性の高さと収入のレベルは反比例しているそうです。協調性の高い人は管理職になれない可能性が高く、特に男性の場合はそれが顕著です。つまり自分の利益を優先し他人を(＊1)蹴落として自分の意思を通す人は、昇進しやすく高い報酬が得られるとのこと。さらに興味深いのは、協調性があるように見えても争いの際に自分のポジションを積極的に主張する人は金持ちになりやすく、より高い収入を得ています。

　こういう人、会社によくいますよね。言い方や(＊2)物腰はたいへんソフトだけど実は(＊3)狡猾で政治的(＊4)手腕がある人は、会社での(＊5)ポジショニングも有利に運びやすいというわけです。一見おとなしそうだけど実は攻撃性が高い人ということですね。

　一方で、周囲のためにすぐ妥協する人は欲しいものが得られず貧乏になってしまいがちです。これは非常に理不尽な事実ではありますが、自然界における競争原理主義を見ていると、納得するしかありません。

（＊1）蹴落として…すでにその地位にいる人や競争相手を排除して
（＊2）物腰…人と接する時の言い方や動き
（＊3）狡猾で…自分だけ得をしようと賢くずるい
（＊4）手腕…物事を行う腕前、実力
（＊5）ポジショニング…位置取り

（谷本真由美『世界のニュースを日本人は何も知らない』ワニブックスより一部改）

(56)　下線部「こういう人」とはどういう人ですか。
　　1　攻撃的なものの言い方をする人
　　2　協調性が高く管理職になれない人
　　3　物腰は柔らかいが実は攻撃性が高い人
　　4　他人のために自分を犠牲にする人

(57)　会社での出世について、文章の内容と合っているのはどれですか。
　　1　嫌な性格の人ほど出世するという直感は人間の嫉妬心から生まれる。
　　2　金持ちの人は自己主張が強い人が少なく、出世しにくい。
　　3　周囲にすぐ合わせてしまう性格の人は出世できないことが多い。
　　4　直感が当たっていることが多い人は出世が早い。

問題 11

次の文章を読んで問題に答えなさい。
答えは1・2・3・4の中から最も適当なものを1つ選びなさい。

　ますます増大する情報の中でも、「本」という構造・かたちは残り続けるでしょう。膨大な情報を前にして、人はそのままのかたちでは受け取れません。何らかのかたちに編集しようとします。それが「本」というかたちになるからです。

（…中略…）

　新たな情報や知識を仕入れる「調べ物」の延長としての読書であれば、本を読むことで「わかった」で終わりですが、本はそれだけのものではありません。

　すぐれた本ほど、「わかった」という満足感よりも、「これはどういうことなんだ？」という(＊1)打ちのめされ感や「○○とは？」といった深い問いを投げかけられて(＊2)悶々とする不満足感を与えるものです。

　そういった問いにはすぐには答えがでないかもしれません。しかし、その問いを持ち続けながら毎日の生活を過ごすと、（　A　）、答えが見つかったり、意味が発見できたりします。また、ほかの本を読んでいるときに、気づくこともあるでしょう。

　本を読むことでさまざまな知識や情報を蓄え、スキルを身につけたり、信念を変革したりすることが可能です。しかし、さらに、本から突きつけられた問いとともに生きることで、読書を超えて、実生活の中でさまざまなものとの対話、共鳴をあなたが起こすことができるのです。

　そうなったときに読書とは本を読むという枠を超えて、世界を読むことにつながり、人生を生きることそのものと(＊3)オーバーラップして、あなたの人生をより深く豊かなものにしてくれることでしょう。

（＊1）打ちのめされ感…精神的に苦痛を与えられた気持ち
（＊2）悶々とする…思い悩む
（＊3）オーバーラップして…重なり合って

（宇都出雅巳『速読・多読でビジネス力が高まる！スピード読書術』
東洋経済新報社より一部改）

---

(58)　筆者によると、「すぐれた本」とはどんな本ですか。
　　1　多くの情報が詰まっている本
　　2　新たな情報が得られる本
　　3　読者の疑問をすぐに解決できる本
　　4　読者に問いを突きつける本

(59)　（　A　）に入る言葉はどれですか。
　　1　ついに
　　2　やたら
　　3　ふと
　　4　ぼんやり

(60)　筆者の考えと合っているのはどれですか。
　　1　生活の中での疑問は本に答えがある。
　　2　読書によって生じた疑問を持ち続けることが人生を豊かにすることにつながる。
　　3　読書による「調べ物」を続けると、さまざまなものとの対話、共鳴が可能になる。
　　4　自分の信念が変わるような本に出合えることは稀である。

3 漢字問題

A 次のひらがなの漢字をそれぞれ１・２・３・４の中から１つ選びなさい。

(61) 村田さんは先月こんやくしたそうだ。
    1 婚礼　　　　2 婚約　　　　3 混乱　　　　4 混雑

(62) まどを開けると、さわやかな風が入ってきた。
    1 窓　　　　　2 戸　　　　　3 席　　　　　4 宅

(63) 課長の指示はめいかくだ。
    1 迷信　　　　2 名跡　　　　3 明確　　　　4 的確

(64) それに関しては鈴木商事にいらいした。
    1 依頼　　　　2 訓練　　　　3 寄贈　　　　4 承知

(65) ようやくのぞみがかなった。
    1 望み　　　　2 悩み　　　　3 憎み　　　　4 厚み

(66) しだいに仕事に慣れてきた。
    1 久々に　　　2 率直に　　　3 清純に　　　4 次第に

(67) 私の国には有名なみずうみがある。
    1 橋　　　　　2 湖　　　　　3 寺　　　　　4 森

(68) プレゼント用にほうそうしてもらった。
    1 封印　　　　2 乾燥　　　　3 包装　　　　4 宿泊

(69) 彼はかちある活動をしている。
    1 価値　　　　2 威厳　　　　3 措置　　　　4 審議

(70) 栄養がかたよらないよう、食事に気をつけている。
    1 絞らない　　2 滞らない　　3 偏らない　　4 釣らない

(71) 他社にコンペで負けて、くやしい。
1 誇しい　　　　2 惜しい　　　　3 哀しい　　　　4 悔しい

(72) 売り上げを見て、店長がなげいている。
1 慎いて　　　　2 凌いて　　　　3 憂いて　　　　4 嘆いて

(73) 上司にちくいち報告しなければならない。
1 統一　　　　2 唯一　　　　3 逐一　　　　4 択一

(74) 彼女のすがたがどこにも見えない。
1 姿　　　　2 婿　　　　3 嫁　　　　4 奴

(75) 新商品をひろうする。
1 披露　　　　2 比較　　　　3 批准　　　　4 疲労

B　次の漢字の読み方を例のようにひらがなで書いてください。

・ひらがなは、正しく、ていねいに書いてください。
・漢字の読み方だけ書いてください。

(例)　　はやく書いてください。　　　｜｜　(例)　　　　　か

(76)　与えられた仕事はきちんとやろう。

(77)　私は危険な仕事はしたくない。

(78)　このプロジェクトは水野さんに任せた。

(79)　今日は湿度が高い。

(80)　努力が実る。

(81)　課長のやっていることは不公平だ。

(82)　社内アンケートへの協力をお願いする。

(83)　母が作る料理はどれも味が薄い。

(84)　今は小銭がない。

(85)　この事業は焦らずに進めてください。

(86)　その商品は我が社の商品と類似している。

(87)　予算の範囲で計画する。

(88)　一本のバラの花を挿した。

(89)　野菜を斜めに切る。

(90)　賠償の話が出ている。

4 記述問題

A 例のように_____に適当な言葉を入れて文を作ってください。

> ・文字は、**正しく、ていねいに書いて**ください。
> ・漢字で書くときは、**今の日本の漢字を正しく、ていねいに書いて**ください。
>
> （例）　きのう、_____でパンを_____。
> 　　　　　　　　　　（A）　　　　　　　　　（B）
>
> | （例） | （A） | スーパー | （B） | 買いました |
> |---|---|---|---|---|

(91) 明日はどこへも_____ないで、部屋の片づけを_____つもりだ。
　　　　　　　　　　　　（A）　　　　　　　　　　　　　　　　　　（B）

(92) 母：トイレの電気、_____っぱなしにしないでね。
　　　　　　　　　　　　　　（A）
　　　子：わかってるよ。僕の顔を_____たびに同じこと言わないでよ。
　　　　　　　　　　　　　　　　　　（B）

(93) A：営業先の新しい担当者、すごくすてきなのよ。
　　　　頭も_____し、かっこいいのよ。今度食事に誘おうかしら。
　　　　　　（A）
　　　B：そんなにすてきな人なら、きっともう恋人が_____に違いないよ。
　　　　　　　　　　　　　　　　　　　　　　　　　　　　　（B）

(94) 修理に1万円も_____くらいなら、
　　　　　　　　　　　（A）
　　　新しい自転車を_____ほうがいいだろう。
　　　　　　　　　　　（B）

(95) （家で）
　　　夫：今朝は危うく会社に遅れる_____だったよ。
　　　　　　　　　　　　　　　　　　　　（A）
　　　妻：またなの？　もう少し_____家を出るようにしたら？
　　　　　　　　　　　　　　　（B）

B　例のように３つの言葉を全部使って、会話や文章に合う文を作ってください。

・【　　】の中の文だけ書いてください。
・１.→２.→３.の順に言葉を使ってください。
・言葉の＿＿の部分は、形を変えてもいいです。
・文字は、正しく、ていねいに書いてください。
・漢字で書くときは、今の日本の漢字を正しく、ていねいに書いてください。

（例）
きのう、【　１.　どこ　　→　２.　パン　　→　３.　買う　】か。

（例）	どこでパンを買いました

(96)

【　１.　雨　→　２.　降る　→　３.　そう　】天気ですから、
傘を持って行きましょう。

(97)

そのお店では【　１.　外国人　→　２.　向け　→　３.　いろいろ　】食材
が売られている。

(98)

今抱えている【　１.　仕事　→　２.　さえ　→　３.　終わる　】、休みが取れる。

(99)

彼が会社を辞めてしまったとは、
【　１.　残念　→　２.　こと　→　３.　このうえ　】ない。

(100)

勇気を出して彼女にプロポーズしたが、返事を
【　１.　さんざん　→　２.　待つ　→　３.　あげく　】、結局断られた。

J.TEST

実用日本語検定

聴 解 試 験

1 写真問題 （問題1〜10）

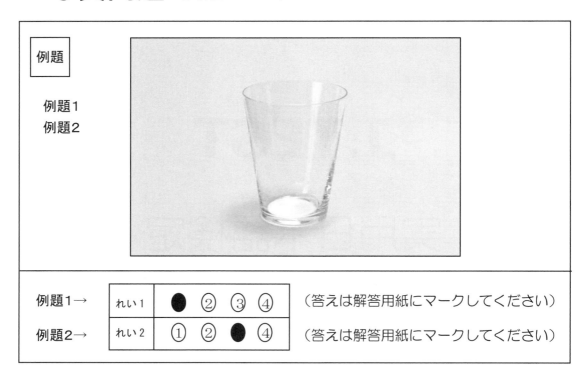

例題

例題1
例題2

れい1	●	②	③	④

例題1→ （答えは解答用紙にマークしてください）

れい2	①	②	●	④

例題2→ （答えは解答用紙にマークしてください）

A 問題1
問題2

B 問題3
　問題4

C 問題5
　問題6

D 問題7
  問題8

E 問題9

F　問題10

2 聴読解問題 （問題11〜20）

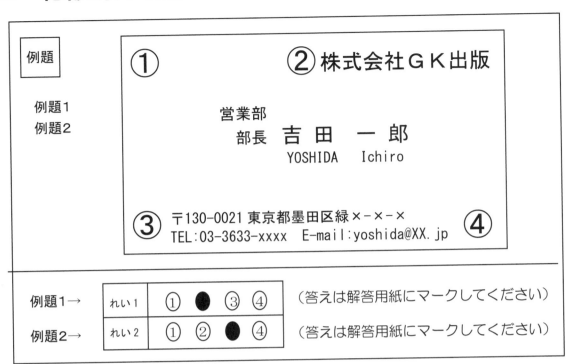

例題					
例題1					
例題2					

株式会社ＧＫ出版

① ②

営業部
部長 吉田 一郎
YOSHIDA Ichiro

③ 〒130-0021 東京都墨田区緑×-×-×
TEL:03-3633-xxxx E-mail:yoshida@XX.jp ④

例題1→	れい1	① ● ③ ④	（答えは解答用紙にマークしてください）
例題2→	れい2	① ② ● ④	（答えは解答用紙にマークしてください）

G　問題11
　　問題12

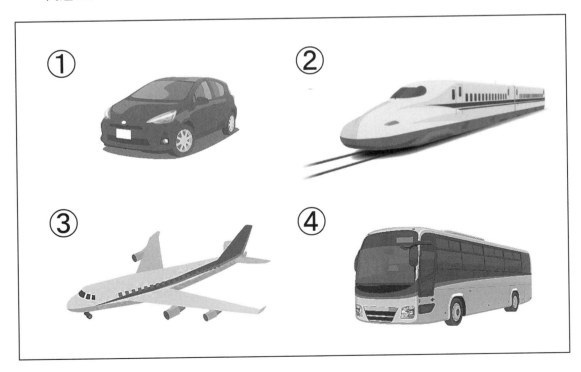

① ②

③ ④

H　問題13
　　問題14

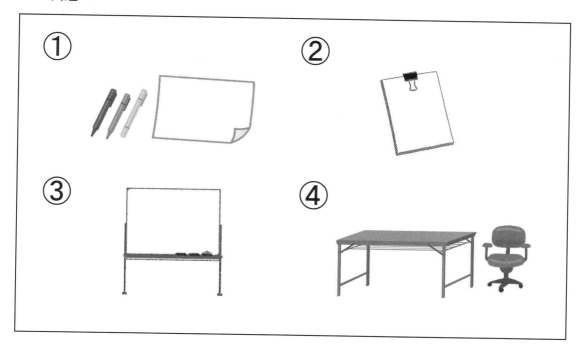

① ② ③ ④

I

問題15

① 1975
② 3400
③ 1125
④ 4056

問題16

① 電話番号
② 娘の誕生日（たんじょうび）
③ 車のナンバー
④ 子供の体重

J　　問題17
　　　問題18

氏名	印象
①	社交的　コミュニケーション力あり
②	海外生活長い　語学力あり
③	明朗　真面目
④	営業職に強い意欲　笑顔が魅力的

K　　問題19
　　　問題20

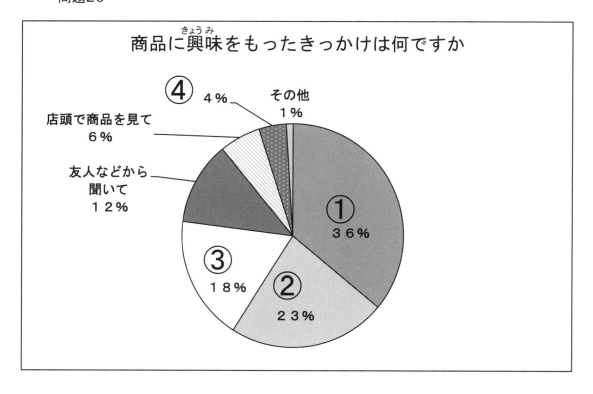

商品に興味をもったきっかけは何ですか

- ④ 4%
- その他 1%
- 店頭で商品を見て 6%
- 友人などから聞いて 12%
- ① 36%
- ② 23%
- ③ 18%

3 応答問題 （問題21～40）

（問題だけ聞いて答えてください）

例題1 →	れい1	●	②	③	（答えは解答用紙にマークしてください）
例題2 →	れい2	①	●	③	（答えは解答用紙にマークしてください）

問題21

問題22

問題23

問題24

問題25

問題26

問題27

問題28

問題29

問題30

問題31

問題32

問題33

問題34

問題35

問題36

問題37

問題38

問題39

問題40

メモ（MEMO）

4 会話・説明問題 （問題41〜55）

例題		
	1	資料のコピー
	2	資料のチェック
	3	資料の作成

れい	① ● ③	（答えは解答用紙にマークしてください）

1

問題41　1　チラシを送ってもらうことにした。
　　　　2　エアコンを注文することにした。
　　　　3　エアコンを買わないことにした。

問題42　1　現金で買えば安くなる。
　　　　2　クーポンを利用すれば安くなる。
　　　　3　古いエアコンと交換すれば安くなる。

2

問題43　1　レストランの予約を取り消す。
　　　　2　工場に本社の社員を連れて行く。
　　　　3　空港に本社の社員を迎えに行く。

問題44　1　知人からの返答を待つ。
　　　　2　知人の会社に連絡する。
　　　　3　本社の担当者に到着時間を聞く。

3

問題45　1　親にすすめられたから
　　　　2　自分自身を表現したい気持ちがあるから
　　　　3　肌に自信がないから

問題46　1　男性が化粧品について話す機会は少ない。
　　　　2　男性用化粧品市場の拡大が予想されている。
　　　　3　近年、化粧をする女性が減少している。

4

問題47　1　ペットフード
　　　　2　ペット保険
　　　　3　トリミングサービス

問題48　1　会社を有名にする必要があるため
　　　　2　会社の売り上げが減少しているため
　　　　3　今のままでは会社の成長が望めないため

5

問題49　1　自由に演技をすること
　　　　2　方言を使って演じること
　　　　3　セリフを暗記すること

問題50　1　過去に犯罪を犯したことがある。
　　　　2　原作を読まずに撮影に臨んだ。
　　　　3　撮影中、共演者と親しくなった。

6

問題51　1　勉強をしないこと
　　　　2　姿勢が悪いこと
　　　　3　スマートフォンを使いすぎていること

問題52　1　娘を眼科に連れて行く。
　　　　2　娘にめがねを買う。
　　　　3　スマートフォンの使用について娘と話す。

7

問題53　1　会社での労働よりも価値がある。
　　　　2　より多く関わりたい。
　　　　3　女性が担うのがよい。

問題54　1　共働きの場合でも夫より家事・育児の負担が大きい。
　　　　2　会社での労働時間は家事・育児の時間よりも少ない。
　　　　3　家事・育児を夫に任せて外で働く人が増えた。

問題55　1　労働時間を減らす政策を打ち出した。
　　　　2　男性の短時間勤務制度の利用を推進している。
　　　　3　企業に在宅勤務の導入を推奨している。

終わり

実用日本語検定

TEST OF PRACTICAL JAPANESE

J.TEST

受験番号		氏　名	

注　意

1　試験が始まるまで、この問題用紙を開けないでください。

2　この問題用紙は、全部で４１ページあります。

日本語検定協会／Ｊ．ＴＥＳＴ事務局

J.TEST

実用日本語検定

読 解 試 験

1　文法・語彙問題

A　次の文の（　　　）に1・2・3・4の中から最も適当な言葉を入れなさい。

（1）　選ぶ側（　　　）したら、新人よりも経験者を採用したい。
　　　　　1　に　　　　　　　2　が　　　　　　　3　を　　　　　　　4　へ

（2）　ちょっと風邪（　　　）、声が出ないんです。
　　　　　1　にあたって　　2　向きで　　　　　3　気味で　　　　　4　並みで

（3）　何時間も（　　　）あげく、結局結論が出なかった。
　　　　　1　話し合った　　2　話し合う　　　　3　話し合わない　　4　話し合え

（4）　ここへ来るのは初めてな（　　　）ですから、道に迷ってしまいました。
　　　　　1　とき　　　　　2　もの　　　　　　3　はず　　　　　　4　つもり

（5）　電車の中で人目（　　　）大声でけんかしている男女がいる。
　　　　　1　はもちろん　　2　もかまわず　　　3　をめぐって　　　4　はともかく

（6）　「大丈夫。発車まであと10分あるから、あわてる（　　　）よ」
　　　　　1　かのようだ　　2　くらいだ　　　　3　わけがない　　　4　ことはない

（7）　昨日は友だちが夕飯を作ってくれたので、料理（　　　）すんだ。
　　　　　1　しないと　　　2　しないのに　　　3　しないで　　　　4　しない

（8）　一生懸命やったのだから、結果が悪くても非難する（　　　）あたらない。
　　　　　1　では　　　　　2　とは　　　　　　3　にも　　　　　　4　には

（9）　新しい企画を考えたが、部長がだめだと（　　　）それまでだ。
　　　　　1　言って　　　　2　言えば　　　　　3　言うと　　　　　4　言った

（10）　社員全員で取り組んだ（　　　）で、この作業は今日中には終わらないだろう。
　　　　　1　もの　　　　　2　うち　　　　　　3　はず　　　　　　4　ところ

（11）　どんなに仕事が（　　　）とも、先輩はいつも笑顔で接してくれる。
　　　　　1　忙しい　　　　2　忙しくない　　　3　忙しかろう　　　4　忙しかった

(12) 彼女が（　　　）が来るまいが、私がパーティーに出ることは変わらない。
　　　1　来い　　　　　2　来て　　　　　3　来よう　　　　4　来ない

(13) 子供（　　　）言い訳をしたら、余計に信用がなくなるだけだろう。
　　　1　づくしの　　　2　めいた　　　　3　じみた　　　　4　ぐるみの

(14) 挨拶（　　　）そこそこに本題に入る。
　　　1　を　　　　　　2　も　　　　　　3　に　　　　　　4　が

(15) 取引先でのプレゼンを明日（　　　）、彼は緊張しているようだ。
　　　1　にひかえ　　　2　に照らし　　　3　ときた日には　4　の候

(16) 木下：「課長に鈴木さんの連絡先を聞いてみたら？　以前同じ部署だったから」
　　　田中：「同じ部署だったからといって、連絡先を（　　　）」
　　　1　知っているに違いないよ　　　　　2　知っているおかげだよ
　　　3　知っているとみられているよ　　　4　知っているとは限らないよ

(17) A：「発表、よかったよ」
　　　B：「ありがとうございます。頑張って（　　　）」
　　　1　準備してたまるか　　　　　　　　2　準備したらきりがありません
　　　3　準備しつつあります　　　　　　　4　準備したかいがありました

(18) A：「水泳を始めたんだって？」
　　　B：「いや、（　　　）、まだ一度も泳いでないんだ」
　　　1　水着は買ったものの　　　　　　　2　水着を買うか否か
　　　3　水着は買ったことだし　　　　　　4　水着さえ買えば

(19) A：「ねえ、（　　　）食べないで。もう少し待てないの？」
　　　B：「ごめん。すごくお腹がすいていたから」
　　　1　一生懸命作った料理すら　　　　　2　料理を作るかのごとく
　　　3　料理を作ったそばから　　　　　　4　作った料理とあれば

(20) A：「夫のお母さんがいつも（　　　）家に来るので、困ってるんです」
　　　B：「それは大変ですね」
　　　1　連絡しながらも　　　　　　　　　2　連絡なしに
　　　3　連絡したが最後　　　　　　　　　4　連絡した手前

B　次の文の（　　　）に１・２・３・４の中から最も適当な言葉を入れなさい。

(21)　毎月３万円ずつ（　　　）している。
　　　　1　命令　　　　　2　手術　　　　　3　貯金　　　　　4　反省

(22)　社長は（　　　）車に乗っている。
　　　　1　損な　　　　　2　夢中な　　　　3　高級な　　　　4　幸運な

(23)　カップにお湯を（　　　）ください。
　　　　1　殴って　　　　2　注いで　　　　3　現れて　　　　4　握って

(24)　友達でもないのに家に泊めてくれだなんて、（　　　）。
　　　　1　頼もしい　　　2　険しい　　　　3　慌ただしい　　4　厚かましい

(25)　買い物に行く途中、課長に（　　　）会った。
　　　　1　ぼんやり　　　2　ばったり　　　3　めっきり　　　4　ぎっしり

(26)　母はよく（　　　）意識に歌を歌っている。
　　　　1　不　　　　　　2　非　　　　　　3　未　　　　　　4　無

(27)　部下のミスの多さに（　　　）しまう。
　　　　1　描いて　　　　2　訴えて　　　　3　混ぜて　　　　4　呆れて

(28)　それを（　　　）解決するかが問題だ。
　　　　1　いかに　　　　2　いかにも　　　3　とっさに　　　4　じきに

(29)　この会社は規則が多くて（　　　）だ。
　　　　1　窮屈　　　　　2　疎か　　　　　3　過密　　　　　4　寛容

(30)　すぐに結果が出るものではないので、１年（　　　）で見ていきましょう。
　　　　1　インパクト　　2　スパン　　　　3　ドラフト　　　　4　セキュリティ

C　次の文の_____の意味に最も近いものを１・２・３・４の中から選びなさい。

(31)　海外生活を通して、多くのことを学んだ。
　　　１　の最後に　　　　２　を始めて　　　　３　によって　　　４　のために

(32)　この店は年配のお客様の利用が多い。
　　　１　年をとった　　　２　若い　　　　　　３　親子連れの　　４　一人の

(33)　部長はしょっちゅう中国へ出張に行く。
　　　１　はじめて　　　２　久しぶりに　　　３　たまに　　　　４　よく

(34)　彼の対応はお客様を怒らせかねない。
　　　１　絶対に怒らせない　　　　　　　　２　よく怒らせている
　　　３　怒らせそうだ　　　　　　　　　　４　怒らせたことがある

(35)　今度の課長はだらしない人だ。
　　　１　きちんとしていない　　　　　　　２　あまり話さない
　　　３　きれいにしている　　　　　　　　４　子どもっぽい

(36)　事務所が移転した。
　　　１　がなくなった　　　　　　　　　　２　の場所が変わった
　　　３　が増えた　　　　　　　　　　　　４　が新しくなった

(37)　1年ごとに検査を行っている。
　　　１　１年目に　　　　２　一年中　　　３　２年に１回　　４　１年に１回

(38)　谷川さんの話は滑稽だった。
　　　１　気の毒だった　　　　　　　　　　２　おかしかった
　　　３　興味深かった　　　　　　　　　　４　深刻だった

(39)　そんなにへりくだらないでください。
　　　１　謙遜しないで　　　　　　　　　　２　困らせないで
　　　３　見下さないで　　　　　　　　　　４　そっけない態度を取らないで

(40)　クライアントからの要望に応えた。
　　　１　上司　　　　　２　消費者　　　３　顧客　　　　４　本社

- 101 -

2 読解問題

問題　1

次のメールを読んで問題に答えなさい。
答えは１・２・３・４の中から最も適当なものを１つ選びなさい。

2022/ 4 /22　10:30

件名：　社員旅行のお知らせ 📎

皆さま、お疲れさまです。
高橋です。
さて、今年の社員旅行ですが、下記のスケジュールで行うことになりました
ので、お知らせいたします。

日時　：６月３日（金）〜６月４日（土）　一泊二日
集合　：16:00　本社ビル１階ロビー
行き先：塩田温泉/塩田リゾートホテル（https://www.XXX.shiota-hotel.com/）
参加費：無料

集合場所からバスで移動します。
夕食では魚や貝、カニなど新鮮な海の幸が楽しめます。
食後には楽しいゲームを用意しており、プレゼントが当たるチャンスがあります。
温泉で仕事の疲れをいやしながら、楽しい時間を過ごしましょう。
参加を希望する方は、添付の申込用紙に記入し、
5月13日までに総務部高橋まで直接提出してください。
よろしくお願いいたします。

(41) 社員旅行に参加する人はどうやって温泉まで行きますか。
　　　1　6月3日16時に本社ビルのロビーに行き、バスで行く。
　　　2　6月3日16時までにホテルに着くように自分で行く。
　　　3　6月4日16時に本社ビルのロビーに行き、バスで行く。
　　　4　6月4日16時までにホテルに着くように自分で行く。

(42) メールの内容と合っているのはどれですか。
　　　1　参加しない人は高橋さんに連絡する必要がない。
　　　2　参加したい人は5月13日までに申込用紙をホテルに提出する。
　　　3　参加者は色々な種類のお土産がもらえる。
　　　4　夕食前にゲームを行い、勝った人はプレゼントがもらえる。

問題　2

次のメールを読んで問題に答えなさい。
答えは１・２・３・４の中から最も適当なものを１つ選びなさい。

2022/5/12　11:45

件名：注文商品について

株式会社日本エレクトロニクス
田辺一郎様

いつも大変お世話になっております。
辰巳商事販売部の津田恵理子です。

さて、４月30日（土）に注文いたしました商品「液晶テレビ　N-120」10台でございますが、５月９日（月）に発送したとのご連絡をいただいておりましたが、本日にいたっても到着を確認できておりません。
５月11日（水）午前には到着予定とのことでしたので、サクラ電気様には明日中に納品すると伝えております。
当社といたしましてもお客様にご迷惑をおかけするばかりでなく、信用にも関わってまいりますので、今一度ご確認いただくとともに、至急ご返事の程、お願い申し上げます。

念のため、注文内容の詳細を記載いたします。
・商品名：液晶テレビ　N-120
・数量：10台
・注文番号：123-456-78XX

まずは取り急ぎお問い合わせまで。

辰巳商事販売部
津田恵理子

(43)　商品はいつ辰巳商事に届く予定でしたか。
　　　　1　4月30日
　　　　2　5月9日
　　　　3　5月11日
　　　　4　5月12日

(44)　田辺さんはこのメールを読んだあと、何をしなければなりませんか。
　　　　1　再注文の手続き
　　　　2　注文内容の変更
　　　　3　商品未着の原因調査
　　　　4　商品の交換

問題　3

次の文書を読んで問題に答えなさい。
答えは１・２・３・４の中から最も適当なものを１つ選びなさい。

2022 年 6 月 1 日

各位

人事部　佐々木陽介（さ さ き ようすけ）

事業拡大（かくだい）にともなう社内公募（こうぼじっし）実施のお知らせ

　このたび当社では事業拡大にともない、店舗を増設（てんぽ ぞうせつ）することになりました。つきましては、下記のとおりマネージャー職の社内公募を実施します。この機会にみなさんの経験と能力を活かしてみませんか。積極的（せっきょくてき）なご応募（おうぼ）をお待ちしております。

1. 応募職務
   ・新設３店舗のマネージャー　各１名（福岡店、広島店、神戸店（ふくおか ひろしま こうべ））

2. 応募資格
   ① 店舗での２年以上のマネージャー経験がある人
   ② 2022 年 10 月 1 日から各店舗で勤務可能な人（単身赴任（ふにん）も可）
   ③ 責任感、協調性がある人

3. 必要書類：職務経歴書、応募理由書（形式自由）

4. 提出期限（ていしゅつ）：2022 年 6 月 30 日までに人事部佐々木宛（あて）（sasaki@XXX.ne.jp）にメールにて提出

5. 選考方法
   書類選考後、合格者に限り筆記試験（ひっき）と面接試験を実施いたします。筆記試験は 7 月 15 日、面接試験は 7 月 28 日を予定しております。書類選考合格者には 7 月 12 日までにメールでお知らせいたします。

以上

(45) 新店舗でのマネージャー職を希望する人はまず、何をしなければなりませんか。

   1 職務経歴書と応募理由書を担当者にメールで送る。

   2 応募書類を人事部に郵送する。

   3 筆記試験と面接試験を同日に受ける。

   4 店舗ができる地域に引っ越す。

(46) 文書の内容と合っているのはどれですか。

   1 この会社では大学生を対象に新入社員の募集をしている。

   2 この会社では新しい店舗が3つできる予定である。

   3 責任感、協調性がある人ならだれでも応募できる。

   4 選考スケジュールは未定である。

問題　4

次の文書を読んで問題に答えなさい。
答えは１・２・３・４の中から最も適当なものを１つ選びなさい。

2022年4月4日

販売店各位

株式会社 KAWATA パン

代表取締役社長　河田弘幸

商品回収のお願い

拝啓　平素は格別のご高配を賜り、厚く御礼申し上げます。
　この度、4月3日弊社ふたば工場において製造された一部のパンに、ビニール片が混入している恐れがあることが判明いたしました。つきましては、対象商品の販売を中止していただくとともに、大変お手数ではございますが、送料着払いにて下記対象商品を弊社ふたば工場までご返送いただきますようお願い申し上げます。すでに販売された場合は、お客様への速やかな周知とともに商品の回収にご協力をお願い申し上げます。なお、同日製造の下記対象商品以外の商品につきましては安全が確認されております。
　この度は多大なるご迷惑をお掛けし、深くお詫び申し上げます。ご理解とご協力を賜りますようお願い申し上げます。

敬具

対象商品：たまごサンドイッチ、コロッケパン（2022年4月3日製造分）
送り先：株式会社 KAWATA パンふたば工場　ふたば市北野15-6
お問合せ先：株式会社 KAWATA パン本社　ふたば市本町1-2　Ｔビル２階
　　　　　　（TEL）01－4567－××××

（47） この文書を読んだ販売店がすることはどれですか。

1 対象商品を処分する。

2 KAWATAパンふたば工場に連絡する。

3 対象商品をKAWATAパンふたば工場に送る。

4 店の営業を一時中止する。

（48） 4月3日にKAWATAパンふたば工場で製造された商品について、文書の内容と合っているのはどれですか。

1 すべての商品が安全かどうか調査中である。

2 一部の商品は安全ではない可能性がある。

3 すべての商品が回収の対象となった。

4 客からのクレームにより、商品に問題があることが発覚した。

問題　5

次の文章を読んで問題に答えなさい。
答えは１・２・３・４の中から最も適当なものを１つ選びなさい。

　疑問を持つことは良いことだ、と子供のときに教えられた。しかし、細かいこと
を（＊１）いちいち質問していると、大人は結局は「煩い」と怒りだすのである。
　子供の質問にはどんなことでも丁寧に答えた方が良い、と簡単にはいえない。質
問にも、答える価値があるものと、そうでないものがある。（＊２）下らない質問は、
下らないと答えれば良い。そういうことも、質問の内容を聞かなければわからない
から、質問自体を（＊３）拒否してはいけない。

　（＊１）いちいち…一つ一つ
　（＊２）下らない…価値がない
　（＊３）拒否してはいけない…断ってはいけない

（森博嗣『科学的とはどういう意味か』幻冬舎より一部改）

---

(49)　文章の内容と合っているのはどれですか。
　　　1　子供が下らない質問をしたら怒ったほうがいい。
　　　2　子供の質問には、下らないことでも丁寧に答えるべきだ。
　　　3　大人は子供に積極的に質問をさせるようにするべきだ。
　　　4　子供の質問にはまず、内容を聞いた上でどう答えるか決めればよい。

問題　6

次の文章を読んで問題に答えなさい。
答えは１・２・３・４の中から最も適当なものを１つ選びなさい。

　　つい先日、化粧品の広告をテレビで見ていたら、しきりに「見た目年齢」ということを言うんです。このクリームを使うと「見た目年齢」がこれだけ若くなるという話です。確かに今の女性たちは私の母の時代と違います。日本人の食事や生活状態がよくなったからでしょう、若くきれいな人がふえました。

　　でも一方で、私はある皮肉な外国人が「人は皆、その年齢ほどに見える」と言った言葉が好きなんです。つまり年を取れば、人は誰も体験がふえ、精神の内容も豊かになる、ということです。でも「見た目年齢」に（＊１）狂奔して、本も読まず、美容やおしゃれだけ心がけていると、（＊２）足場のない人間がふえて来そうな気がします。

（＊１）狂奔して…夢中になって努力して
（＊２）足場…土台

（曽野綾子『人間の基本』新潮新書より一部改）

---

(50)　「足場のない人間」の例として挙げられているのはどんな人ですか。
　　1　「見た目年齢」と実際の年齢が合っている人
　　2　化粧品やおしゃれに興味がある若い人
　　3　心の内面が豊かであっても、見た目が若くない人
　　4　見た目の若さを保つためだけに努力し、精神的には未熟な人

★　問題　7

次の文章を読んで問題に答えなさい。
答えは1・2・3・4の中から最も適当なものを1つ選びなさい。

　　人手不足の中、コンビニは深夜勤務の従業員を確保するのが難しい。このため、営業時間の短縮を求める加盟店が増えている。(*)公取が大手8社を対象に行った調査では、約7割が希望していた。

　　しかし、見直しの動きは鈍い。この1年半で時短に踏み切った店舗は約4％に過ぎない。本部は24時間営業を続けたいのが本音だ。

　　背景には、加盟店との契約方式がある。店舗の売上高が伸びるほど本部の収益も増える仕組みだ。本部は営業時間を長くして、売上高を増やそうとする。

　　これに対し、多くの加盟店にとって深夜営業はデメリットも大きい。深夜帯は人件費などのコストがかさむ割に売上高が少なく、店舗の利益を押し下げがちだ。

（＊）公取…公正取引委員会

（「毎日新聞」2020年9月9日付より一部改）

---

(51)　　下線部「見直しの動きは鈍い」とありますが、なぜですか。
　　1　加盟店にとって深夜営業はデメリットが多いから
　　2　深夜勤務の従業員を確保するのが難しいから
　　3　多くの加盟店が深夜営業を続ける意向を示しているから
　　4　収益のため、本部が24時間営業を続けようとしているから

── このページには問題はありません。──

問題　8

次のページの案内を読んで問題に答えなさい。

答えは１・２・３・４の中から最も適当なものを１つ選びなさい。

---

(52)　　増田さんは現在、保育士の資格が取れる専門学校に通っていて、もうすぐ卒業する予定です。参加できるのはどれですか。

　　　　1　就職支援研修会と就職相談会

　　　　2　就職支援研修会

　　　　3　就職相談会

　　　　4　何も参加できない

(53)　　案内の内容と合っているのはどれですか。

　　　　1　就職支援研修会では業務体験ができる。

　　　　2　当日は好きな時間から参加していい。

　　　　3　就職相談会に参加する人は履歴書が必要である。

　　　　4　就職相談会に参加したい人は２週間前までに申し込む。

保育士就職支援研修・相談会

業務未経験・ブランクの長い方歓迎！
身近な地域で保育の仕事をしてみませんか？

日時：2022 年 7 月 10 日（日）10：00〜16：00
場所：かめいどグランドホテル

①就職支援研修会
10：00〜14：30
求められる保育士像の講義や、保育園の園長による最近の保育事情、先輩保育士による体験談など、就職に役立つお話です。

②就職相談会
14：30〜16：00
近隣の民間保育園がブースを出します。保育園の様子や労働条件など、気軽に質問ができます。

◇参加無料、服装自由、履歴書不要
◇ご参加、お帰りの時間は自由です。研修会のみ、相談会のみの参加も OK
◇相談会に出展する保育園の一覧は開催日の２週間前までにホームページに掲載します。

参加資格：保育士資格をお持ちの方（あるいは資格取得見込みの方）
申込方法：かめいど保育人材・保育所支援センターのホームページより、お申込可能です。（お申込受付後に参加票をメールでお送りいたします。定員になり次第、受付を締め切らせて頂きます。）

かめいど保育人材・保育所支援センター
http://www.jinzai.shien/hoiku/xxx.xx

問題　9

次の文章を読んで問題に答えなさい。
答えは１・２・３・４の中から最も適当なものを１つ選びなさい。

自動車^{（＊１）}サブスク快走

自動車のサブスクリプション（定額制）サービスが広がっている。定額制の音楽・動画の配信サービスのように、毎月決まったお金を払うと車を乗り続けることができる。毎月払う料金には、車両代のほか税金や保険、車検、故障の時などの^{（＊２）}メンテナンス代も含まれている。

お金を払って車を一定期間利用できる点では、^{（＊３）}リース契約と変わらない。ただ、サブスクはリースよりも契約期間が短かったり、契約期間中でも他の車種に乗り換えたりでき、サービスの幅が広いことが特徴とされている。

自動車最大手のトヨタ自動車は 2019 年、「KINTO」の名称で、サブスクを始めた。狙いは、「売り切り」が当たり前のクルマの販売で、新しい売り方を広げること。消費者の意識が「所有から利用」に^{（＊４）}シフトしつつあることに注目した。

申し込みは車の販売店でも、ネット経由でもできる。契約期間３年で、サービスをスタート。その後、「５年」「７年」を追加した。対象の車種も順に増やしており、月額１万円台から利用できる車もある。

こうした取り組みのおかげで、累計申込件数は 2020 年 12 月末の約１万２千件から、ことし１月末には約３万２千件まで増えた。利用者は、20〜30 代が４割超を占めている。車を所有していない人の利用が多いのも特徴という。

（＊１）サブスク…サブスクリプションの略
（＊２）メンテナンス…管理
（＊３）リース契約…長期の賃貸契約
（＊４）シフトしつつある…移りつつある

（「朝日新聞」2022 年３月 14 日付より一部改）

(54) 自動車のサブスクリプションサービスについて、文章の内容と合っているのは
どれですか。

　　1　リース契約よりも長期で利用できる。

　　2　月額料金に税金や保険料が含まれる。

　　3　長く利用すればするほど料金が割引される。

　　4　契約期間中は車種の変更ができない。

(55) 「KINTO」について、文章の内容と合っているのはどれですか。

　　1　契約期間はいくつかの中から選べる。

　　2　ネットから申し込めば、選べる車種が増える。

　　3　販売開始後、毎年３万件以上の申込みがある。

　　4　お年寄りで車を持っていない人の利用が多い。

次の文章を読んで問題に答えなさい。
答えは１・２・３・４の中から最も適当なものを１つ選びなさい。

相手の「言わないこと」に耳を澄まそう

　人は都合の悪いことは言いたがらない。誰でも自分の胸に手をあてて考えてみれば心当たりがあるだろう。かく言うぼくもそうだ。自分の悪いところやこれまでに犯した過ちは隠しておきたい。他人にいい人間と思われたいという心理はどうしても働いてしまう。

　日々の人間関係の中でなら、そんなことやり過ごしていればいいだろう。でもそれが仕事の上でのことになったりすると、無視するわけにはいかない。あとで大変な(＊)しっぺ返しをくらうことになってしまうからだ。

　たとえばあなたが就職を考えているとして、会社説明会に顔を出すとする。そこでその会社のしかるべき人が、学生たちに向けて話をする。会社としては優秀な学生をとりたい。そのためにはどれだけいい会社かをアピールしようとするのは当然だろう。

　ある会社の採用担当者が、その会社の歴史をとうとうと述べたあと、こう言うとする。

　「わが社の売り上げは右肩上がりで増えています。この業界の中で十年前には五位でしたが、今は二位にまで伸びてきています。業界トップも夢ではありません。そのためには君たちの力が必要です。ぜひ将来性のあるわが社に来てください」

　これを聞いて、悪い印象を持つ学生は少ないのではと思う。でも実態がその言葉通りなのかはこれだけではわからない。

　嘘は言っていない。でも意図的に「言わないこと」があるかもしれないからだ。

（＊）しっぺ返しをくらう…仕返しをされる

（松原耕二『本質をつかむ聞く力　ニュースの現場から』筑摩書房より一部改）

(56)　採用担当者が「<u>意図的に『言わないこと』</u>」とは例えばどんなことですか。

　　1　会社の歴史が学生に話したより長いこと

　　2　売り上げは業界2位だが、営業利益は出ていないこと

　　3　今年、業界で1位になれそうだということ

　　4　来年、採用する予定の学生は100人だということ

(57)　この文章で筆者が言いたいことは何ですか。

　　1　どんな時でも自分の悪いところや過ちを相手に正直に言ったほうがいい。

　　2　人間関係を良くするため、都合が悪いことは言わないほうがいい。

　　3　将来性のある会社かどうかは採用担当者の話をよく聞いていればわかる。

　　4　相手の言葉が真実のすべてだとは限らないので、注意が必要だ。

問題　11

次の文章を読んで問題に答えなさい。
答えは１・２・３・４の中から最も適当なものを１つ選びなさい。

　グローバルに事業を展開する企業にとって、内部への日常的な働きかけは欠かせません。多様な文化、バックグラウンドを持つ従業員が世界各地で働いている組織は、^(*1)エンゲージメントが希薄になりがちです。エンゲージメントの基盤になるのが理念・ビジョンの共有、これを価値観の共有と言い換えても良いかもしれません。^(*2)インターナルコミュニケーションは、業務や部門間の連携を進めるためのカギでもあります。

　国内事業が中心であったとしても、外国人の増加や雇用形態の多様化といった変化に直面している企業は多いはずです。そこには、海外展開している企業と同種の課題があるでしょう。

　（　Ａ　）、^(*3)新型コロナウイルス感染拡大で^(*4)テレワークを導入した企業も多いでしょう。利便性が高い半面、対面でのコミュニケーションが少なくなれば、当然ながらエンゲージメントは希薄になります。

　多様な考え方を持つ従業員、一人ひとりに企業の理念・ビジョンが共有され、共通の価値観が浸透すれば、企業のメッセージと現場で起きている事実との^(*5)乖離を最小化することができます。自社の価値観や事業活動に誇りと共感を抱く従業員は、^(*6)レピュテーションリスクの発生源をいち早く発見し、適切に対処することでしょう。

（＊１）エンゲージメント…会社と従業員の結びつきや信頼関係、従業員の会社に対する愛着心など
（＊２）インターナルコミュニケーション…社内コミュニケーション
（＊３）新型コロナウイルス…2019年末に発生し世界中に広まっているウイルス
（＊４）テレワーク…オフィスから離れた場所で情報通信技術を使って働くこと
（＊５）乖離…背き離れること
（＊６）レピュテーションリスク…企業に関するマイナスの評判が広まるリスク

（企業広報戦略研究所［電通パブリックリレーションズ内］編著
『新・戦略思考の広報マネジメント企業価値向上につながる“８つの広報力”の磨き方』
日経ＢＰより一部改）

(58)　「同種の課題」とはどんなことですか。
　　　1　外国人社員同士の意思疎通がうまくできないこと
　　　2　エンゲージメントが希薄になること
　　　3　対面でのコミュニケーションが取れないこと
　　　4　優秀な人材を確保できないこと

(59)　（　A　）に入る言葉はどれですか。
　　　1　しかし
　　　2　ところが
　　　3　つまり
　　　4　さらに

(60)　文章の内容と合っているのはどれですか。
　　　1　海外拠点の従業員は国内拠点の従業員より明確なビジョンを持っている。
　　　2　国内事業が中心の企業にとっては、インターナルコミュニケーションはそれほど重要ではない。
　　　3　従業員が会社の方針を理解し共感することがレピュテーションリスクの回避に役立つ。
　　　4　企業の評価を高めるためには、各拠点がある地域社会に企業理念を浸透させることが重要である。

3 漢字問題

A 次のひらがなの漢字をそれぞれ 1・2・3・4 の中から 1 つ選びなさい。

(61) じこく表を確認する。
    1 自給　　　　2 指示　　　　3 順番　　　　4 時刻

(62) 会議でけっていしたことを文書で報告しなくてはならない。
    1 決定　　　　2 欠席　　　　3 失敗　　　　4 決断

(63) この川はあさい。
    1 尊い　　　　2 固い　　　　3 狭い　　　　4 浅い

(64) 魚をむして食べる。
    1 蒸して　　　2 略して　　　3 介して　　　4 許して

(65) 社長は病気をわずらっているそうだ。
    1 競って　　　2 患って　　　3 装って　　　4 補って

(66) 娘は私よりせが高い。
    1 乳　　　　　2 軒　　　　　3 鼻　　　　　4 背

(67) 会議はえんきになった。
    1 延期　　　　2 危機　　　　3 演芸　　　　4 永久

(68) 部長とじかにやりとりしたほうがいい。
    1 直に　　　　2 荒に　　　　3 現に　　　　4 純に

(69) 商店街はすっかりすたれてしまった。
    1 崩れて　　　2 廃れて　　　3 撮れて　　　4 紛れて

(70) 将来にばくぜんとした不安がある。
    1 勧誘　　　　2 勧善　　　　3 漠然　　　　4 依然

(71)　しっかり準備してプレゼンに<u>のぞ</u>んだ。
　　　　1　緩んだ　　　　　2　拒んだ　　　　3　臨んだ　　　　4　挑んだ

(72)　先代のやり方を<u>とうしゅう</u>する。
　　　　1　了承　　　　　　2　欧州　　　　　3　踏襲　　　　　4　統制

(73)　<u>うれしくて</u>涙が出た。
　　　　1　寂しくて　　　　2　嬉しくて　　　3　悔しくて　　　4　烈しくて

(74)　日本はエネルギー資源が<u>とぼしい</u>。
　　　　1　惜しい　　　　　2　厳しい　　　　3　卑しい　　　　4　乏しい

(75)　部長の仕事ぶりに<u>あっとう</u>された。
　　　　1　即答　　　　　　2　哀悼　　　　　3　圧迫　　　　　4　圧倒

B　次の漢字の読み方を例のようにひらがなで書いてください。

・ひらがなは、<u>正しく、ていねいに</u>書いてください。
・<u>漢字の読み方だけ</u>書いてください。

（例）　はやく<u>書</u>いてください。　┌
　　　　　　　　　　　　　　　　　　　　└

（例）	か

---

(76)　ごみを<u>分別</u>して<u>捨</u>てる。

(77)　<u>窓</u>を<u>掃除</u>する。

(78)　<u>丸</u>いテーブルを買った。

(79)　それは<u>冷凍</u>したほうがいい。

(80)　子供が手を<u>振</u>っている。

(81)　列が<u>乱</u>れている。

(82)　日本で<u>柔道</u>を習いたい。

(83)　フォークで肉を<u>刺</u>す。

(84)　新しいプロジェクトの<u>担当</u>になった。

(85)　１週間、<u>休暇</u>を取る。

(86)　<u>山本</u>さんは笑顔が<u>素敵</u>な人だ。

(87)　<u>誤</u>ってファイルを<u>削除</u>した。

(88)　今お持ちのクレジットカードは<u>破棄</u>してください。

(89)　古い考え方に<u>執着</u>しすぎないほうがいい。

(90)　あの人は<u>華</u>がある。

4 記述問題

A 例のように_____に適当な言葉を入れて文を作ってください。

・文字は、**正しく、ていねいに**書いてください。
・漢字で書くときは、**今の日本の漢字を正しく、ていねいに**書いてください。

（例）　きのう、_____でパンを_____。
　　　　　　　　　　　（A）　　　　　　　　　　（B）

（例）	（A）	スーパー	（B）	買いました

---

(91) A：その靴、いいね。

　　 B：ありがとう。歩き_____から、毎日_____いるんだ。
　　　　　　　　　　　　　　（A）　　　　　　　　　　　（B）

(92) 中村：前田さんの話に_____、部長の奥さんは女優らしいよ。
　　　　　　　　　　　　　　　（A）

　　 佐藤：まさか。そんなの冗談に_____いるよ。
　　　　　　　　　　　　　　　　　　（B）

(93) 駅から_____ければ_____ほど家賃は高いが、通勤には便利だ。
　　　　　　　（A）　　　　　　　（B）

(94) 山田さんにお金を_____きり、彼と連絡が_____なくなった。
　　　　　　　　　　　　（A）　　　　　　　　　　　　　（B）

(95) A：連休は楽しかったですか。

　　 B：実は、風邪を_____て、どこへも_____じまいでした。
　　　　　　　　　　　（A）　　　　　　　　　　（B）

B　例のように３つの言葉を全部使って、会話や文章に合う文を作ってください。

> ・【　　　】の中の文だけ書いてください。
> ・１．→２．→３．の順に言葉を使ってください。
> ・言葉の＿＿の部分は、形を変えてもいいです。
> ・文字は、正しく、ていねいに書いてください。
> ・漢字で書くときは、今の日本の漢字を正しく、ていねいに書いてください。
>
> （例）
> きのう、【　１．どこ　　→　２．パン　　→　３．買う　】か。

（例）	どこでパンを買いました

(96)

A：よかったら、私が【　１．車　→　２．送る　→　３．あげる　】ましょうか。

B：ありがとうございます。助かります。

(97)

【　１．シャワー　→　２．浴びる　→　３．最中に　】地震が起きた。

(98)

【　１．雨　→　２．せい　→　３．試合　】中止になった。

(99)

彼の報告書は【　１．時間　→　２．かける　→　３．作る　】にしては、

あまりよくなかった。

(100)

【　１．会社　→　２．辞める　→　３．以来　】、林さんには会っていない。

J.TEST

実用日本語検定

聴 解 試 験

1 写真問題 　　　問題 　1～10

2 聴読解問題 　　問題 　11～20

3 応答問題 　　　問題 　21～40

4 会話・説明問題 　問題 　41～55

1 写真問題 （問題1〜10）

例題

例題1
例題2

| 例題1→ | れい1 | ● | ② | ③ | ④ | （答えは解答用紙にマークしてください） |
| 例題2→ | れい2 | ① | ② | ● | ④ | （答えは解答用紙にマークしてください） |

A　問題1
　　問題2

B 　問題3
　　問題4

C 　問題5
　　問題6

D 問題7
　 問題8

E 問題9

F　　問題10

2 聴読解問題 （問題11～20）

| 例題 | ① | ② 株式会社ＧＫ出版 |

営業部
部長 吉田 一郎
YOSHIDA Ichiro

③ 〒130-0021 東京都墨田区緑×-×-×
TEL:03-3633-xxxx　E-mail:yoshida@XX.jp　④

例題1
例題2

| 例題1→ | れい1 | ① | ● | ③ | ④ | （答えは解答用紙にマークしてください） |
| 例題2→ | れい2 | ① | ② | ● | ④ | （答えは解答用紙にマークしてください） |

G　問題11
　　問題12

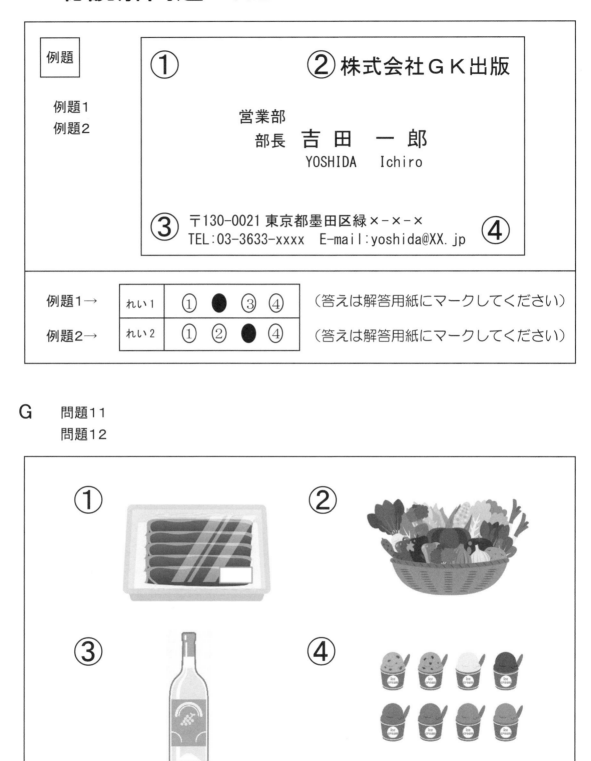

H   問題13
      問題14

10月発売予定　食パン　商品名案	
① ファミリーブレッド	3 票
② ふわふわ食パン	15 票
③ 超 ふわふわ	12票
④ 朝の楽しみ	10票

I   問題15
      問題16

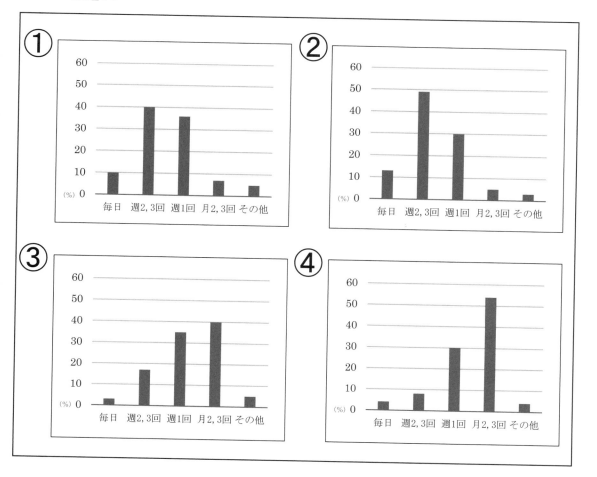

J　問題17
　　問題18

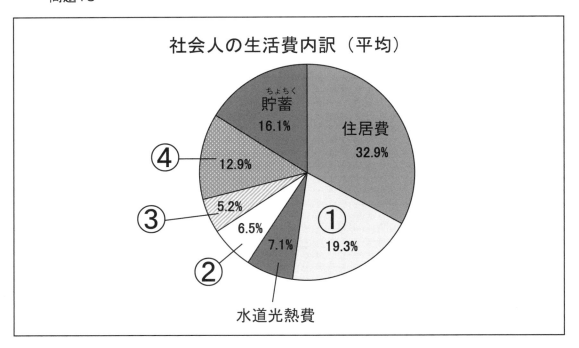

社会人の生活費内訳（平均）

貯蓄（ちょちく） 16.1%
住居費 32.9%
④ 12.9%
③ 5.2%
② 6.5%
水道光熱費 7.1%
① 19.3%

K

問題19

①	講義形式
②	グループワーク形式
③	ビジネスゲーム形式
④	業務体験形式

問題20

①	後輩（こうはい）指導のスキルアップ
②	知名度向上
③	離職防止
④	コミュニケーション力向上

3 応答問題 （問題21〜40）

（問題だけ聞いて答えてください）

| 例題1 → | れい1 | ● ② ③ | （答えは解答用紙にマークしてください） |
| 例題2 → | れい2 | ① ● ③ | （答えは解答用紙にマークしてください） |

問題21

問題22

問題23

問題24

問題25

問題26

問題27

問題28

問題29

問題30

問題31

問題32

問題33

問題34

問題35

問題36

問題37

問題38

問題39

問題40

メモ（MEMO）

4 会話・説明問題 (問題41〜55)

例題	1 資料のコピー
	2 資料のチェック
	3 資料の作成

れい ① ● ③ （答えは解答用紙にマークしてください）

1

問題41　1　住所を書き直す。
　　　　2　切手を買う。
　　　　3　手紙を書く。

問題42　1　封筒に切手を貼っていなかった。
　　　　2　封筒に住所を書いていなかった。
　　　　3　切手の料金を間違えていた。

2

問題43　1　高田さんに女性の話を伝える。
　　　　2　退社する。
　　　　3　資料の文字のデザインを変える。

問題44　1　外出する。
　　　　2　高田さんに資料を送る。
　　　　3　資料を印刷する。

3

問題45　1　卵と小麦粉を使っていないこと
　　　　2　予約せずに買えること
　　　　3　値段が安いこと

問題46　1　試作品の評判が良かった。
　　　　2　これから改良する予定である。
　　　　3　改良して良くなった。

4

問題47　1　英語を使う仕事をするから
　　　　2　海外の人と交流したいから
　　　　3　給与に影響するようになるから

問題48　1　留学する。
　　　　2　プロの先生に教えてもらう。
　　　　3　女性の友達の外国人に教えてもらう。

5

問題49　1　3月末
　　　　2　4月10日
　　　　3　4月11日

問題50　1　女性は5月分の料金を支払わなければならない。
　　　　2　女性は届いた教材を返せば、返金してもらえる。
　　　　3　担当者のミスで5月分の教材が届いた。

6

問題51　1　各部品の完成度を高めること
　　　　2　部品メーカー各社と目標を共有すること
　　　　3　できるだけ早く決断し実行すること

問題52　1　自動車メーカーの法務部門で働いている。
　　　　2　他社とシステム開発を競い合っている。
　　　　3　自分の仕事にやりがいを感じている。

7

問題53　1　食生活が健康に及ぼす影響
　　　　2　健康的な食生活の例
　　　　3　食生活に関する社会の取り組み

問題54　1　朝食をとらない人が多い。
　　　　2　自炊する人が少ない。
　　　　3　好き嫌いが多い。

問題55　1　従業員の健康を気遣う企業は社会的に評価されるようになっている。
　　　　2　政府の指導により健康を気遣う人が増えた。
　　　　3　企業には従業員の健康を守る義務がある。

終わり

実用日本語検定

TEST OF PRACTICAL JAPANESE

J.TEST

受験番号		氏　名	

注　意

1　試験が始まるまで、この問題用紙を開けないでください。

2　この問題用紙は、全部で４１ページあります。

日本語検定協会／Ｊ．ＴＥＳＴ事務局

J.TEST

実用日本語検定

読 解 試 験

1　文法・語彙問題

A　次の文の（　　　）に1・2・3・4の中から最も適当な言葉を入れなさい。

（1）　忙しくて掃除ができないので、部屋がごみ（　　　）。
　　　　1　かのようだ　　　2　だらけだ　　　3　くらいだ　　　4　じゃないか

（2）　酔っぱらう（　　　）、いつも友達に迷惑をかけてしまう。
　　　　1　とみえて　　　2　か否か　　　3　うちに　　　4　たびに

（3）　病院や映画館（　　　）いった場所では、静かにしてください。
　　　　1　から　　　2　の　　　3　に　　　4　と

（4）　宝くじを何年も買い続けているが、（　　　）ためしがない。
　　　　1　当たって　　　2　当たった　　　3　当たり　　　4　当たる

（5）　電車が遅れ、あやうく会社に遅刻する（　　　）だった。
　　　　1　わけ　　　2　もの　　　3　とき　　　4　ところ

（6）　課長は（　　　）あまり、言い方が厳しくなるときがある。
　　　　1　熱心　　　2　熱心だ　　　3　熱心な　　　4　熱心に

（7）　その資料の作成は来週でも（　　　）よ。
　　　　1　過言ではない　　　　　　　　2　なんでもない
　　　　3　さしつかえない　　　　　　　4　このうえない

（8）　あのホテルのサービスは有名ホテルの名（　　　）恥じないものだった。
　　　　1　に　　　2　を　　　3　と　　　4　が

（9）　彼は両親の反対を（　　　）ともせずに、彼女との結婚を決めた。
　　　　1　ため　　　2　もの　　　3　こと　　　4　はず

（10）　日本に（　　　）からというもの、毎日寿司を食べている。
　　　　1　来て　　　2　来る　　　3　来た　　　4　来ず

（11）　海外転勤（　　　）、準備が多くて大変だろう。
　　　　1　にかまけて　　　2　にあって　　　3　はおろか　　　4　ともなると

(12) 伝統の味を（　　　　）ながらも、時代に合ったお菓子を開発しよう。

1　守る　　　　　2　守った　　　　　3　守り　　　　　4　守って

(13) このプロジェクトのリーダーは彼女（　　　　）おいて他にいない。

1　が　　　　　2　も　　　　　3　を　　　　　4　に

(14) この製品は日本国内（　　　　）、世界中で売れている。

1　にとどまらず　2　とあれば　　　3　をふまえて　　4　を境に

(15) 藤田君は私の言うことなど（　　　　）やしない。

1　聞き　　　　　2　聞か　　　　　3　聞こう　　　　4　聞く

(16) A：「顔色が悪いけれど、体調がよくないの？」

B：「うん。毎日残業が続いて、（　　　　）からね」

1　疲れがたまる一方だ　　　　　　2　とても忙しいおかげだ

3　休みといっても言い過ぎではない　4　そんなに疲れるわけがない

(17) 竹下：「今井さん、森くんと付き合うことになったんだって」

渡辺：「やっぱりな。（　　　　）そうなると思ってたよ」

1　友達というか恋人というか　　　　2　遅かれ早かれ

3　好きなことは好きだけど　　　　　4　言おうか言うまいか

(18) A：「注文した商品、なるべく早く送ってほしいんですが」

B：「かしこまりました。（　　　　）、お送りいたします」

1　準備したあげく　　　　　　　　　2　準備ができ次第

3　準備したくせに　　　　　　　　　4　準備こそすれ

(19) A：「あの店っていつも人が並んでいるけど、店入るのにだいぶ待たされるの？」

B：「いや、（　　　　）よ」

1　10分も待っている場合ではない　　2　何時間待とうが変わらない

3　10分なら待たないではいられない　4　せいぜい10分といったところだ

(20) A：「今日は遊びに行く気分じゃないんだけどな」

B：「そんなこと言わないで。（　　　　）、楽しいと思うよ」

1　行くなり行かないなり　　　　　　2　行きつ戻りつ

3　行けば行ったなりに　　　　　　　4　行きたいと言ったそばから

B　次の文の（　　　　）に1・2・3・4の中から最も適当な言葉を入れなさい。

(21)　この本の（　　　　）を聞かせてほしい。
　　　　1　愛情　　　　　2　感想　　　　　3　観客　　　　　4　観察

(22)　使ったタオルを洗わないで置いておいたら、（　　　　）なってしまった。
　　　　1　くだらなく　2　臭く　　　　　3　幼く　　　　　4　めでたく

(23)　このスープは冷蔵庫で（　　　　）ほうが、おいしいです。
　　　　1　さえる　　　2　さめた　　　　3　ひやした　　　4　ひえる

(24)　（　　　　）締め切りまでに書類を完成させることができた。
　　　　1　どうか　　　2　どうせ　　　　3　どうにか　　　4　どうにも

(25)　そんなに（　　　　）しないで。失敗は誰にでもあるんだから。
　　　　1　はらはら　　2　じめじめ　　　3　つるつる　　　4　くよくよ

(26)　（　　　　）の入り口で事故があったので、渋滞している。
　　　　1　トンネル　　2　エプロン　　　3　ベンチ　　　　4　ドラマ

(27)　工場で起きた火災は経営に影響を（　　　　）だろう。
　　　　1　補う　　　　2　脅かす　　　　3　及ぼす　　　　4　下ろす

(28)　災害からの（　　　　）にはまだまだ時間がかかりそうだ。
　　　　1　円満　　　　2　安静　　　　　3　免除　　　　　4　復興

(29)　ミーティングに出られない場合は（　　　　）ご連絡ください。
　　　　1　あらかじめ　2　一概に　　　　3　いかにも　　　4　いっそ

(30)　（家で）
　　　　妻：「え!?　お金だけ払って、商品は忘れて帰ってきたの？」
　　　　夫：「そうなんだよ。僕はなんて（　　　　）なんだ」
　　　　1　ふくよか　　2　気まぐれ　　　3　まぬけ　　　　4　貧相

C　次の文の_____の意味に最も近いものを１・２・３・４の中から選びなさい。

(31)　家を<u>出たとたん</u>、雨が降ってきた。
　　　１　出ようとしたら　　　　　　　　２　出てからしばらくして
　　　３　出る前に　　　　　　　　　　　４　出た後すぐに

(32)　お子さんの<u>身長</u>はどのくらいですか。
　　　１　足の大きさ　　　２　髪の長さ　　　３　体の重さ　　　４　背の高さ

(33)　その店はいつも<u>やかましい</u>。
　　　１　静かだ　　　　　２　うるさい　　　３　混んでいる　　　４　すいている

(34)　外食は<u>高くつく</u>。
　　　１　お金がかかる　　　　　　　　　２　時間がかかる
　　　３　よく行っている　　　　　　　　４　好きではない

(35)　それはこの紙に<u>くるんで</u>ください。
　　　１　包んで　　　　　２　書いて　　　３　載せて　　　４　コピーして

(36)　<u>小学生でさえ</u>答えられる問題だろう。
　　　１　小学生だから　　２　小学生なら　　３　小学生でも　　４　小学生には

(37)　原田課長は<u>気が短い</u>。
　　　１　おとなしい　　　２　よく笑う　　　３　心配性だ　　　４　すぐ怒る

(38)　A案を採用する<u>メリット</u>は何ですか。
　　　１　理由　　　　　　２　利点　　　３　目的　　　４　条件

(39)　去年に比べ、売り上げは<u>若干</u>増加している。
　　　１　かなり　　　　　２　一気に　　　３　だんだんと　　　４　いくらか

(40)　社内の対立関係が<u>露呈</u>した。
　　　１　長く続いた　　　　　　　　　２　解消された
　　　３　明らかになった　　　　　　　４　激しくなった

2 読解問題

問題　1

次のメールを読んで問題に答えなさい。
答えは１・２・３・４の中から最も適当なものを１つ選びなさい。

2022/06/10　9:10

件名：夏季休暇の取得について

各位

お疲れさまです。人事部の山崎です。
本年度の夏季休暇は以下の通り決まりましたので、お知らせします。
日数は昨年度より１日増えました。
取得可能時期、申請方法については昨年と同じです。

- 取得可能時期：７月14日（木）〜９月15日（木）
- 取得日数　　：上記期間中に１日以上４日まで
- 申請方法　　：休暇を取得する２週間前までに各部署長に休暇届を提出

夏季休暇は必ず取得してください。連続して取らなくてもかまいません。
なお、上記期間中もカレンダー通り営業しますので、業務に影響がないよう
各部署で話し合った上で、休暇を申請してください。

ご質問、お問合せはメールで山崎までお願いします。

```
********************
    人事部　内線　15×
    山崎　恵子
********************
```

(41) このメールを読んだ社員は何をしなければなりませんか。

　　1　休暇希望日までに休暇届を自分の部署の部長に出す。

　　2　休暇希望日の2週間前までに休暇届を山崎さんに出す。

　　3　できるだけ早く休暇届を人事部へメールで送る。

　　4　自分の部署の人と休暇取得日について相談する。

(42) 夏季休暇について、メールの内容と合っているのはどれですか。

　　1　7月14日から9月15日までの間で4日休むことができる。

　　2　4日間連続して取る必要がある。

　　3　部署によって取得可能時期が異なる。

　　4　取得可能日数は昨年より減った。

問題　2

次のメールを読んで問題に答えなさい。
答えは1・2・3・4の中から最も適当なものを1つ選びなさい。

2022/07/12　14:40

件名：講演のご依頼

古瀬秀樹様

初めてご連絡いたします。社会福祉法人「あかね色の会」の岡田隆彦と申します。

現在、「ひとり親家庭の経済的自立」をテーマに講演会を企画しております。
つきましては、古瀬様に講師をお願いしたく、ご連絡いたしました。

　〈講演会概要〉
構成：ひとり親家庭の現状報告（報告者未定）
　　　ひとり親家庭の経済的自立に向けて（ご講演者：古瀬様を予定）
日程：2022年10月中旬頃
会場：あけぼの公民館（予定）
時間：2時間（会場次第で変更あり）
人数：100名（会場次第で変更あり）

お会いして、企画内容についてご説明させていただきたく存じますので、
一度お時間を取っていただければと存じます。
7月22日（金）までにお返事をいただけますと幸いです。
ご検討のほど、よろしくお願いいたします。

****
社会福祉法人「あかね色の会」
広報部　岡田隆彦
〒590-0144　大阪府堺市南区赤坂台1-X-X
電話　072-296-32XX
メール　t-okada@akaneiro-xx.or.jp
****

(43) 古瀬さんはこのあとまず、何をしますか。
　1　岡田さんに講演の原稿を送る。
　2　岡田さんに返事をする。
　3　岡田さんに講演料の相談をする。
　4　岡田さんに講演時期の変更を依頼する。

(44) メールの内容と合っているのはどれですか。
　1　岡田さんが古瀬さんに依頼するのは二度目である。
　2　講演会が行われる日はすでに決定している。
　3　講演者は古瀬さんに決定している。
　4　古瀬さんに依頼する講演のテーマは決定している。

問題　3

次の文書を読んで問題に答えなさい。
答えは１・２・３・４の中から最も適当なものを１つ選びなさい。

報告書

2022 年 7 月 21 日
商品管理部　新井健司

　　2022 年 7 月 15 日、ひかりマート駅前店より受注しました「チョコレートワッフル」に関し、納品ミスが発生いたしましたことを報告いたします。

記

1．経緯：ひかりマート駅前店からの注文「チョコレートワッフル20個」のところ、新井が「200個」を梱包し出荷した。ひかりマート駅前店より連絡を受けたことにより、誤発送に気が付いた。

2．原因：新井が注文書の数量を見間違えて梱包し、通常行っている他者による発送前のダブルチェックも業務が忙しく省いてしまったため。

3．対応：ひかりマート駅前店に料金着払いにて超過分 180 個の返送を依頼した。

4．今後の改善策：どんな時でも必ず他の人に注文書の通りに梱包されているかどうか確認してもらうようにする。

以上

(45) 新井さんは何を間違えましたか。
　　1　商品の種類
　　2　商品の個数
　　3　納品日
　　4　納品先

(46) 文書の内容と合っているのはどれですか。
　　1　新井さんは商品が到着したあとにミスを知った。
　　2　新井さんはひかりマート駅前店へ商品を取りに行った。
　　3　新井さんは発送前のチェックを他の人にお願いした。
　　4　商品はひかりマート駅前店で処分することになった。

問題　4

次の文書を読んで問題に答えなさい。
答えは１・２・３・４の中から最も適当なものを１つ選びなさい。

各位

会社名　鶴亀製薬株式会社
代表者名　代表取締役社長　三井晃弘
（コード番号 XXXX 東証プライム）

株式会社ジュピターの株式の取得（完全子会社化）に関するお知らせ

　当社は、本日 2022 年 7 月 30 日開催の臨時取締役会において、株式会社ジュピターの全株式を取得し、同社を完全子会社化することを決議いたしましたので、お知らせいたします。

　1．株式取得の理由
　当社は、創業以来「国民の健康の維持・増進」という社訓のもとジェネリック医薬品の製造で業績を拡大してまいりました。昨年度はこれに加え、新たにサプリメント市場への参入も果たしております。しかしながら、健康食品も重要であると強く感じており、かねてよりこの分野への進出が悲願でありました。
　ジュピターは、九州熊本を拠点として、生活習慣病の改善に効果のある健康食品の生産から製造、販売までを一貫して行っており、主力商品の「いきいき青汁」に関しましては、その効果を認める論文が朝霧大学の研究チームから発表されております。また、ドラッグストア、スーパー、ディスカウントストアでの販売のみならず、早くからネット販売にも乗り出し、全国的に顧客を有しております。
　ジュピターが当社グループに加わることで、ジュピターが蓄積してきた高い生産力や全国にわたる顧客基盤、健康食品の生産に関するノウハウが活用できることとなります。これにより、当社は健康関連分野での多角的事業が展開でき、当社の企業価値のさらなる向上につながると考えております。

（47）　鶴亀製薬株式会社が株式会社ジュピターを完全子会社化する理由は何ですか。

　　1　九州地区の顧客を得るため

　　2　健康食品分野へ進出するため

　　3　サプリメント分野へ進出するため

　　4　ジェネリック医薬品事業が悪化したため

（48）　株式会社ジュピターについて、文書の内容と合っているのはどれですか。

　　1　ジェネリック医薬品を製造している。

　　2　論文で効果が認められている商品を扱っている。

　　3　大学と共同で研究を行っている。

　　4　商品の販売は通信販売のみで行っている。

問題　5

次の文章を読んで問題に答えなさい。
答えは１・２・３・４の中から最も適当なものを１つ選びなさい。

　　相手に^{（＊１）}ふさわしい適切なことばの選択。これが敬語の^{（＊２）}前提にあります。つまり、高く^{（＊３）}遇すべき人に対し低く遇することと、高く遇すべきでない人を高く遇することは、同じように間違ったことであり、相手を怒らせる可能性があるのです。敬語とは人と人との社会的距離を測ってその距離に応じた言葉遣いをすることであり、決して単に敬意の高い表現が使えればよいというものでないことをまず知っておきましょう。

（＊１）ふさわしい…ちょうど合う
（＊２）前提にあります…成立に必要な条件です
（＊３）遇すべき…取り扱うべき

（山田敏弘『その一言が余計です。―日本語の「正しさ」を問う』筑摩書房より一部改）

---

(49)　筆者の考えに最も近いのはどれですか。
　　1　誰に対しても丁寧な言葉を選んで話すといい。
　　2　親しい関係であっても年長者には敬語を使うべきである。
　　3　相手が怒らなければ敬語を使わなくてもよい。
　　4　相手との関係に合った表現を使う必要がある。

問題　6

次の文章を読んで問題に答えなさい。
答えは１・２・３・４の中から最も適当なものを１つ選びなさい。

　時間をやりくりするために、睡眠時間を削ることはおすすめできません。睡眠時間を削ると記憶力が低下するなど、かえって能率が落ちるということは、若い年代にもいえることですが、40代以降になればなおさらです。睡眠不足になると(＊1)うつ病のリスクも高まりますから、睡眠時間を削らないで済む勉強の方法を考えることが必要です。忙しいからといって睡眠時間を削ることは、明日の締め切りには有効かもしれませんが、１年、２年という長期的な(＊2)スパンで見たときには有効ではないのです。

（＊１）うつ病…気分や感情をうまく調節できなくなり、心や体に不調が出る病気
（＊２）スパン…期間

（和田秀樹『人生の９割は40代で決まる』中経出版より一部改）

---

(50)　　文章の内容と合っているのはどれですか。
　　1　若い世代とは異なり、40代以降は睡眠時間を削るべきではない。
　　2　若いとき日常的に睡眠が不足していた人は40代以降に記憶力が低下する。
　　3　睡眠不足によって、病気になる危険性が高まる。
　　4　睡眠時間を削った生活が続いても長期的には影響がない。

問題　7

次の文章を読んで問題に答えなさい。
答えは１・２・３・４の中から最も適当なものを１つ選びなさい。

　　国内の 139 の動物園、水族館が加盟する日本動物園水族館協会（JAZA）が、飼育動物の安楽死に関する内容を含む「動物福祉基準」の策定を進めている。処置に踏み切る基準や方法について検討し、2023 年末までにまとめる。

（…中略…）

　　JAZA では現在、(＊)終生飼育が原則。安楽死が必要だと決断した場合は、速やかに苦しまずに死を迎えられる方法で行うとする規定を持っている。今回定める基準では、この方針に沿って、具体的に安楽死を決断するべき状況や、取るべき方法などを議論。加盟施設への説明や意見交換を行いつつ、検討を進めている。

（＊）終生飼育…飼育している動物が死ぬまで適切に飼育すること

（「朝日新聞」2022 年 3 月 21 日配信より一部改）

---

(51)　動物園、水族館で飼育されている生き物の安楽死について、現在どのような規定がありますか。
　　1　やむを得ないと判断したときのみ行う。
　　2　病気になって痛みで苦しんでいても行わない。
　　3　研究のためなら行ってもよい。
　　4　生活の質が落ちたと判断できれば、積極的に行う。

―― このページには問題はありません。――

問題　8

次のページの案内を読んで問題に答えなさい。
答えは１・２・３・４の中から最も適当なものを１つ選びなさい。

(52)　この英語教室でできることはどれですか。
　　　1　３歳の子供が土曜の午後に習うこと
　　　2　高校生の友達同士の二人が一緒に日曜の午前中に習うこと
　　　3　小学生の兄弟が一緒に平日の午後に習うこと
　　　4　会社員が平日の夕方に習うこと

(53)　この英語教室について、案内の内容と合っているのはどれですか。
　　　1　この英語教室には外国人講師だけでなく日本人講師もいる。
　　　2　６月30日までに申し込むと、無料で体験レッスンが50分間受けられる。
　　　3　６月30日までに申し込むと、７月の授業料が不要となる。
　　　4　１か月の授業の回数は決まっているので増やせない。

英語教室　HARU　生徒募集

対象は３歳以上〜高校生まで
講師は全員日本語が話せる経験豊富な外国人講師です。
プライベートレッスンですから、自分のペースで学ぶことが可能です。

今ならキャンペーン実施中

2022 年 6 月 30 日 （木）

までに申し込んだ方は以下の特典が受けられます。

【特典１】　７月分の月謝無料
【特典２】　入会金 3,000 円無料

＊無料レッスン（30 分程度）を体験していただけます。
＊基本的に個人レッスンですが、ご希望があればお友達同士やご兄弟でのグループレッスンも可能です。
＊曜日及び時間はご希望をお聞きした上で決定いたしますが、土曜午後、日曜日は授業を行っておりません。
＊１回のレッスンは 50 分です。
＊月謝は１か月４回で 8,000 円です。回数を増やすことも可能ですので、お気軽にご相談ください。

英語教室　HARU	寺戸市長井区一宮 12 - ××
	駅前第一ビル２階
TEL　078 - 289 - ××××	（平日 10：00〜22：00）

問題　9

次の文章を読んで問題に答えなさい。
答えは１・２・３・４の中から最も適当なものを１つ選びなさい。

　（＊1）環境融資は（＊2）欧州が先行してきた。19年の実行額は世界全体の７割以上を占めていた。アジア太平洋地域でも金融当局の支援などを追い風に環境融資が拡大。太陽光発電所の設置など、環境改善に直接効果をもたらす事業に使途を限るグリーンローンではすでに欧州を逆転し、21年の融資額は欧州の約２倍だった。

　環境融資全体では欧州に及ばないものの差は縮まっており、世界全体に占める割合は20年の13％から21年には26％に大幅に伸びた。日本国内でも22年のグリーンローンの融資額は３月21日時点で1304億円と、前年の1490億円を上回るペースとなっている。

　アジアは他の地域に比べ温暖化ガスの排出量が多く、世界銀行によると18年のアジアのCO_2排出量は約164億トンと世界の半分近くを占める。国際再生可能エネルギー機関（IRENA）によると、（＊3）パリ協定の目標達成に必要な50年までの年間投資額はアジア・（＊4）オセアニアが１兆3140億ドルと欧州の4880億ドルと比べ2.5倍以上もある。世界全体でみても約半分はアジア太平洋地域が占める。

（…中略…）

　アジアで環境融資は膨らんでいく見通しだ。政府が支援制度を整えても、環境事業の採算を評価する専門機関や人材が不足している。こうした課題の解決もアジアの政府や金融機関に求められている。

（＊1）環境融資…環境改善事業向けの融資
（＊2）欧州…ヨーロッパ
（＊3）パリ協定…2020年以降、国際社会全体でどのように温暖化問題に取り組んでいくかを記した国際条約
（＊4）オセアニア…オーストラリア、ニュージーランドおよび南西太平洋の島々

（「日本経済新聞」2022年４月７日配信より一部改）

(54) アジアの現状について、文章の内容と合っているのはどれですか。
1 政府は環境融資の支援制度創設に消極的である。
2 環境事業の採算の評価はヨーロッパの専門家に任せている。
3 環境融資を扱う金融機関が増加している。
4 環境の専門家や専門機関の充実が課題となっている。

(55) 文章の内容と合っているのはどれですか。
1 2022年の日本におけるグリーンローンの融資額は前年を超えそうである。
2 2021年のアジア太平洋地域におけるグリーンローンの融資額は欧州の額より少ない。
3 2019年の環境融資額はアジア太平洋地域が約7割を占めていた。
4 2018年のアジアのCO_2排出量は欧州の約半分である。

問題　10

次の文章を読んで問題に答えなさい。
答えは１・２・３・４の中から最も適当なものを１つ選びなさい。

　たしかに、古典的な経済学では、売り手と買い手はお互い共通したすべての情報と商品価値を知り、その世界の中で合理的な活動を営んでいると仮定されています。ただ、買い手が売り手のすべての情報を知っているなどということはありえません。

　ここまで私が例に挙げてきたセールスマンたちは、１円の価値もないものに、100円という値札をぶら下げて、買い手に差し出すこともありました。売買を、「お金という記号を使った、等価な交換だ」と思い込んでいるうちは、そのことに気づきません。

　商品の値札が「100万円」と表示していたら、私たちはつい「高いだけあって、良いものなのだろう」と思ってしまいがちです。しかし、世の中には、（＊１）二束三文の石ころを、豪華な化粧に包み数百万円に化けさせる商売もあります。　まったく（＊２）根も葉もない情報を、（＊３）特ダネと称して数十万円で売りつける人たちもいるのです。

　お金はもしかするとたしかに「記号」かもしれない。でも、それと引き換えに受け取る商品は、記号ではありません。吟味して選別すべきものです。

　お金が記号として（＊４）跋扈する時代にこそ必要なのは、「売り手たちを見分ける力」「商品を見分ける力」ではないでしょうか。

（＊１）二束三文の…価値がない
（＊２）根も葉もない…何の証拠もない
（＊３）特ダネ…特別な情報
（＊４）跋扈する…広がって勢いを振るう

（坂口孝則『営業と詐欺のあいだ』幻冬舎より一部改）

(56)　「そのこと」とありますが、どういうことですか。
　　1　売り手はいつも買い手のことを信用していること
　　2　売り手が買い手に対し、情報を隠すこともあること
　　3　買い手が売り手に対し、いつも情報を開示していること
　　4　売り手は買い手の生活レベルに合わせて価格を決めていること

(57)　文章の内容と合っているのはどれですか。
　　1　お金は「記号」なのだから、たくさん持っていても役に立たない。
　　2　価格が高いものはよい品物に決まっている。
　　3　買い手はその商品の価値を見抜く力をつけなければならない。
　　4　売り手はいつも買い手をだまそうとする。

問題　１１

次の文章を読んで問題に答えなさい。
答えは１・２・３・４の中から最も適当なものを１つ選びなさい。

どうしてクセや習慣がつくられるのか。

それは、脳がすべての行動に対して、筋肉から情報を集めて計画を立てていると、多大なエネルギーを消費してしまうからです。

新しい動きをすれば筋肉はまた新しい情報を脳に届けます。そして脳がそれに反応して、また新しい動きを指示して……と、この(＊1)サイクルを常にフル稼働していれば、脳が疲労してしまいます。

（　A　）、すぐにやらなきゃいけない場面でも、とっさに脳が体の動かし方を計画できなくなります。何気ない場面でエネルギーを使い過ぎたのです。その結果、体は動かず、すぐやらない状態になってしまいます。

「何も考えずにできること」は極力毎日同じ(＊2)ルーチンにすること。「やらなくても困らないこと」はあえてやらずに済ませること。「やるべきこと」にしっかり注力するためには、この〝省エネ戦略〟が不可欠です。

省エネ戦略のキーワードは「いつも通り」です。

私たちの感覚としては、ふだんと違うことをしていても、「新しい動きをしている」感じはしないかもしれません。しかし、脳の観点からすると、出勤前に気分を変えて、持っていく鞄を変えた、というそれだけでも、新しい体の動きを計画しなければいけない「エネルギーの消耗」を伴います。鞄の持ち手にどのぐらい力を入れるか、人差し指から小指まで、どの指に一番力を入れるか、鞄を持った手をどの程度振って歩くか、反対の腕はどうするか、という感じで、道具がひとつ変われば、体の動きが新しくなるのです。

（＊1）サイクル…周期、循環過程
（＊2）ルーチン…いつもの手順

（菅原洋平『すぐやる！「行動力」を高める〝科学的な〟方法』文響社より一部改）

(58)　（　A　）に入る言葉はどれですか。
　　　1　しかし
　　　2　すると
　　　3　また
　　　4　一方

(59)　脳が「すぐやらない状態^{じょうたい}」になるのはどうしてですか。
　　　1　体を動かすための脳のエネルギーが不足しているから
　　　2　脳が体の動かし方をじっくり計画しているから
　　　3　毎日同じことを繰り返して脳が疲れているから
　　　4　脳がエネルギーをできるだけ使わないようにしているから

(60)　文章の内容と合っているのはどれですか。
　　　1　毎日同じことをしていると、新しいことが計画できなくなる。
　　　2　クセや習慣は脳のエネルギーを消費してしまう。
　　　3　やるべきことはすぐ済ませ、脳に使うエネルギーを蓄えておくといい。
　　　4　脳のエネルギーを無駄に使わないためにクセや習慣がつくられる。

3　漢字問題

A　次のひらがなの漢字をそれぞれ1・2・3・4の中から1つ選びなさい。

(61)　海にプラスチックごみが<u>ういて</u>いる。
　　　1　怖いて　　　　2　咲いて　　　　3　浮いて　　　　4　飛いて

(62)　社長の<u>めいれい</u>を聞く。
　　　1　命令　　　　　2　法令　　　　　3　満足　　　　　4　予報

(63)　このナイフはとても<u>するどい</u>。
　　　1　軽い　　　　　2　鋭い　　　　　3　硬い　　　　　4　賢い

(64)　仕事のストレスから<u>かいほう</u>される。
　　　1　回診　　　　　2　介抱　　　　　3　解放　　　　　4　開封

(65)　ベッドの場所を<u>うつした</u>。
　　　1　均した　　　　2　干した　　　　3　移した　　　　4　刺した

(66)　高橋^{たかはし}さんは<u>おんこうな</u>性格だ。
　　　1　温厚な　　　　2　温暖な　　　　3　温浴な　　　　4　軍団な

(67)　その問題は<u>よういに</u>解けた。
　　　1　簡易に　　　　2　流域に　　　　3　奥底に　　　　4　容易に

(68)　昼過ぎに<u>きしょう</u>した。
　　　1　規律　　　　　2　起床　　　　　3　喜劇　　　　　4　記録

(69)　このことは<u>だまって</u>おいてください。
　　　1　飼って　　　　2　黙って　　　　3　飾って　　　　4　釣って

(70)　試合に負けて、<u>くやしい</u>。
　　　1　哀しい　　　　2　嫌しい　　　　3　恨しい　　　　4　悔しい

(71) 旅館をいとなんでいる。

　　1　企んで　　　　2　営んで　　　　3　啄んで　　　　4　忍んで

(72) この条件<ruby>条件<rt>じょうけん</rt></ruby>にがいとうしなければ研修<ruby>研修<rt>けんしゅう</rt></ruby>に参加できない。

　　1　該当　　　　2　街灯　　　　3　勧誘　　　　4　妥当

(73) ズボンが少しきゅうくつだ。

　　1　緊迫　　　　2　救援　　　　3　窮屈　　　　4　卑屈

(74) ゆうしゅうな人物を採用する。

　　1　愉悦な　　　　2　有益な　　　　3　雄弁な　　　　4　優秀な

(75) 彼女の発言はおろかだった。

　　1　麗か　　　　2　愚か　　　　3　艶か　　　　4　醜か

B　次の漢字の読み方を例のようにひらがなで書いてください。

・ひらがなは、正しく、ていねいに書いてください。		
・漢字の読み方だけ書いてください。		
（例）　はやく書いてください。	（例）	か

(76)　息が苦しい。

(77)　合計1,000人が集まるだろう。

(78)　紙の裏が汚れている。

(79)　何度も練習したのにうまくできなかった。

(80)　ここに瓶を捨てないでください。

(81)　部屋の湿気がひどい。

(82)　あちらに並んでください。

(83)　文章が長すぎるから省略した。

(84)　彼を責めないでください。

(85)　以前あそこにA社の大きな看板があった。

(86)　今年は稲がよく実った。

(87)　駅前に娯楽施設ができた。

(88)　チェックを怠ってはいけない。

(89)　忙しく仕事をしていると、寂しさが紛れる。

(90)　彼の発言を擁護する人は誰もいなかった。

4 記述問題

A 例のように＿＿＿＿＿に適当な言葉を入れて文を作ってください。

・文字は、**正しく、ていねいに**書いてください。
・漢字で書くときは、**今の日本の漢字を正しく、ていねいに**書いてください。

（例）　きのう、＿＿＿＿＿＿でパンを＿＿＿＿＿＿。
　　　　　　　　　　（A）　　　　　　　　　　（B）

（例）	（A）	スーパー	（B）	買いました

---

(91) 天気が＿＿＿＿＿＿日は窓から富士山が＿＿＿＿＿＿だろう。
　　　　　　　（A）　　　　　　　　　　　　　　　　（B）

(92) A：うわあ！　この部屋、＿＿＿＿＿＿くてたまらないな。
　　　　　　　　　　　　　　（A）

　　B：エアコンをつけて、部屋の＿＿＿＿＿＿を下げよう。
　　　　　　　　　　　　　　　　（B）

(93) 昨日行ったレストランは、値段が＿＿＿＿＿＿うえに、味もよくなかった。
　　　　　　　　　　　　　　　　　　（A）

　　もう二度とあんな店へ＿＿＿＿＿＿ものか。
　　　　　　　　　　　　（B）

(94) （職業紹介所で）

　　職員　：この仕事は＿＿＿＿＿＿を問わず応募できますが、いかがですか。
　　　　　　　　　　　　（A）

　　利用者：はい、ぜひ。60歳以上に＿＿＿＿＿＿と、応募できる仕事が少なくて
　　　　　　　　　　　　　　　　　　（B）

　　　　　　困っていたんです。

(95) （会社で）

　　A：このあと飲みに行かない？

　　B：そうしたいけど、今日は＿＿＿＿＿＿で来ているから
　　　　　　　　　　　　　　　（A）

　　　我慢せざるを＿＿＿＿＿＿んだよ。飲酒運転するわけにはいかないからね。
　　　　　　　　　　（B）

B　例のように３つの言葉を全部使って、会話や文章に合う文を作ってください。

・【　　】の中の文だけ書いてください。
・１.→２.→３.の順に言葉を使ってください。
・言葉の　　の部分は、形を変えてもいいです。
・文字は、正しく、ていねいに書いてください。
・漢字で書くときは、今の日本の漢字を正しく、ていねいに書いてください。

（例）
きのう、【　１. どこ　→　２. パン　→　３. 買う 】か。

| （例） | どこでパンを買いました |

（96）
大切な書類を【　１. 机の上　→　２. 置く　→　３. まま 】、
席を外してはいけませんよ。

（97）
【　１. 台風　→　２. 近づく　→　３. つれて 】、風が強くなってきた。

（98）
新製品は重くて、【　１. 使う　→　２. にくい　→　３. ばかりか 】
価格も高いため、あまり売れていない。

（99）（会社で）

Ａ：あれ？　まだ帰らないの？

Ｂ：うん。予定より【　１. 仕事　→　２. 遅れる　→　３. 気味 】から、
残業するつもり。

（100）
うちの息子は【　１. 飽きる　→　２. っぽい　→　３. 性格 】ので、
何をやっても続かない。

J.TEST

実用日本語検定

聴 解 試 験

1 写真問題 （問題1～10）

例題1→

れい1	●	②	③	④

（答えは解答用紙にマークしてください）

例題2→

れい2	①	②	●	④

（答えは解答用紙にマークしてください）

A　問題1
　　問題2

B 問題3
問題4

C 問題5
問題6

D　問題7
　　問題8

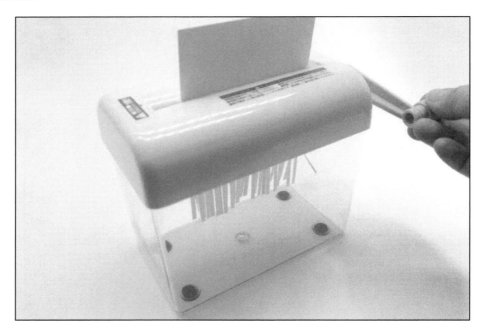

E　問題9

F　問題10

2 聴読解問題 (問題11〜20)

例題	①	②株式会社ＧＫ出版
例題1 例題2		営業部 部長 吉田 一郎 YOSHIDA Ichiro
	③〒130-0021 東京都墨田区緑×-×-× TEL:03-3633-xxxx E-mail:yoshida@XX.jp	④

例題1→	れい1	① ● ③ ④	（答えは解答用紙にマークしてください）
例題2→	れい2	① ② ● ④	（答えは解答用紙にマークしてください）

G　問題11

① 10時10分

② 10時30分

③ 11時10分

④ 11時30分

問題12

① 片道/指定席
（かたみち/していせき）

② 片道/自由席
（じゆう）

③ 往復/指定席
（おうふく）

④ 往復/自由席

① ② ③ ④

2022 年度新入社員研修 スケジュール

5月 10 日（火）　ビジネスマナー　①
　　　　　　　　　（あいさつ・服装・敬語）

5月 11 日（水）　コミュニケーション力アップ　②
　　　　　　　　　（聴く力・話す力・会話力）

5月 12 日（木）　仕事の進め方　③
　　　　　　　　　（報告・連絡・計画）

5月 13 日（金）　マーケティング企画　④
　　　　　　　　　（発送・企画・プレゼンテーション）

J 　問題17
　　問題18

おすすめの副業ランキング

1位	①
2位	②
3位	投資
4位	③
5位	④
6位	転売ビジネス

K 　問題19
　　問題20

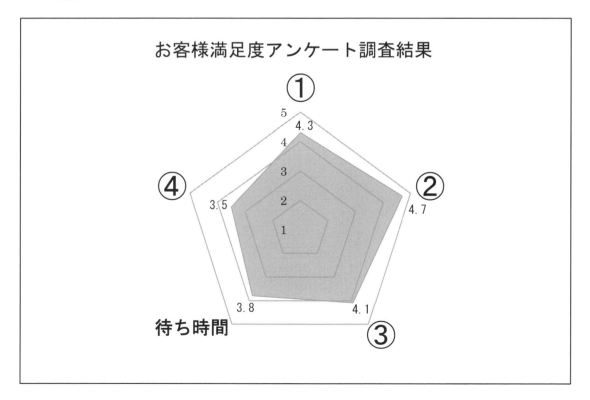

お客様満足度アンケート調査結果

3 応答問題 （問題21〜40）

（問題だけ聞いて答えてください）

| 例題1 → | れい1 | ● ② ③ | （答えは解答用紙にマークしてください） |
| 例題2 → | れい2 | ① ● ③ | （答えは解答用紙にマークしてください） |

問題21

問題22

問題23

問題24

問題25

問題26

問題27

問題28

問題29

問題30

問題31

問題32

問題33

問題34

問題35

問題36

問題37

問題38

問題39

問題40

メモ（MEMO）

4 会話・説明問題 （問題41〜55）

例題	1 資料のコピー
	2 資料のチェック
	3 資料の作成

れい　①　●　③　　　　（答えは解答用紙にマークしてください）

1

問題41　1　明日の午後2時から
　　　　2　明日の午後3時から
　　　　3　あさっての午後2時から

問題42　1　アオイサービスにメールを送る。
　　　　2　アオイサービスに電話をかける。
　　　　3　アオイサービスに直接行く。

2

問題43　1　男性に頼み事をするため
　　　　2　男性に製品サンプルの保管場所を教えるため
　　　　3　男性に高田さんへの伝言を頼むため

問題44　1　高田さんに連絡する。
　　　　2　ファイルを探す。
　　　　3　書類をコピーする。

3

問題45　1　高宮城までの行き方
　　　　2　高宮城の特徴
　　　　3　高宮城が建造された理由

問題46　1　周囲よりも低い位置に建っている。
　　　　2　門が独特な形をしている。
　　　　3　宿泊が可能である。

4

問題47　1　炭酸飲料
　　　　2　ヨーグルトや豆乳の飲料
　　　　3　炭酸水

問題48　1　アンケートを取る。
　　　　2　情報収集をする。
　　　　3　製造部に相談する。

5

問題49　1　事業内容
　　　　2　従業員の働き方
　　　　3　経営上の問題点

問題50　1　従業員が多い。
　　　　2　長く勤務している人が多い。
　　　　3　経営に行き詰まっている。

6

問題51　1　供給が不安定である。
　　　　2　プランが豊富である。
　　　　3　電気料金が安い。

問題52　1　友人に詳しいことを聞く。
　　　　2　ガス会社に問い合わせる。
　　　　3　携帯電話会社のプランに申し込む。

7

問題53　1　最長2週間
　　　　2　最長3週間
　　　　3　最長4週間

問題54　1　男性社員の育児休暇取得は任意である。
　　　　2　今年、育児休暇取得の制度が変わった。
　　　　3　男性社員の育児休暇取得率が低い。

問題55　1　育児休暇中も家で仕事をしていた。
　　　　2　育児休暇中は毎日快適に過ごせた。
　　　　3　育児休暇後も積極的に育児をしている。

終わり

実用日本語検定

TEST OF PRACTICAL JAPANESE

J.TEST

受験番号		氏　名	

注　意

1　試験が始まるまで、この問題用紙を開けないでください。

2　この問題用紙は、全部で４１ページあります。

日本語検定協会／J.TEST事務局

J.TEST

実用日本語検定

読 解 試 験

1　文法・語彙問題

A　次の文の（　　　）に1・2・3・4の中から最も適当な言葉を入れなさい。

（1）　会社の中では、英語しか（　　　）ことになっている。
　　　　1　話す　　　　　　2　話した　　　　　3　話そう　　　　　4　話さない

（2）　私がしなければならない仕事の多さ（　　　）いったら、泣きたいくらいだ。
　　　　1　は　　　　　　　2　と　　　　　　　3　が　　　　　　　4　に

（3）　今日は朝、パンを（　　　）きり何も食べていない。
　　　　1　食べる　　　　　2　食べない　　　　3　食べた　　　　　4　食べて

（4）　彼女はいつも（　　　）げに窓の外を見ている。
　　　　1　寂しい　　　　　2　寂しく　　　　　3　寂し　　　　　　4　寂しくて

（5）　課長は一日（　　　）会社を休んだことがない。
　　　　1　とともに　　　　2　とは　　　　　　3　として　　　　　4　となると

（6）　この仕事を（　　　）か引き受けまいか、ずっと悩んでいる。
　　　　1　引き受けた　　　2　引き受けない　　3　引き受け　　　　4　引き受けよう

（7）　彼は自分では何もしない（　　　）、人の仕事にあれこれと口を出す。
　　　　1　ばかりに　　　　2　からといって　　3　くせに　　　　　4　だけあって

（8）　昨日は仕事が早く終わった（　　　）もあって、同僚と飲みに行った。
　　　　1　とき　　　　　　2　こと　　　　　　3　ため　　　　　　4　はず

（9）　井上さんは働かなくてもお金に困らないらしい。うらやましい（　　　）だ。
　　　　1　ぐるみ　　　　　2　限り　　　　　　3　始末　　　　　　4　ずくめ

（10）　ただの風邪だから、病院へ（　　　）までもない。
　　　　1　行こう　　　　　2　行った　　　　　3　行って　　　　　4　行く

（11）　若気（　　　）至りだといって許されるのは今のうちですよ。
　　　　1　の　　　　　　　2　も　　　　　　　3　に　　　　　　　4　を

(12) 山田さんはすでに入社して半年経つが、いつになったら仕事を覚える（　　　）。

　　1　感がある　　　　2　のやら　　　　3　までだ　　　　4　に過ぎない

(13) すぐに謝ればよかった（　　　）を、今さら謝っても遅いよ。

　　1　うち　　　　　　2　つもり　　　　3　ゆえ　　　　　4　もの

(14) 社会のルール（　　　）行動するべきだ。

　　1　にひかえて　　　2　に則って　　　3　にとどまらず　4　にかまけて

(15) 母に言われる（　　　）ままに、進学先を決めた。

　　1　が　　　　　　　2　を　　　　　　3　の　　　　　　4　と

(16) 夫：「太郎、水泳習いたいんだって。習わせる？」

　　妻：「サッカーも野球も1か月で辞めたでしょう。水泳だって（　　　）わよ」

　　1　すぐやめるに決まっている　　　　2　すぐやめるわけがない

　　3　続けざるを得ない　　　　　　　　4　続けるとみられている

(17) A：「もっと練習して、次の試合は絶対に（　　　）」

　　B：「頑張って。応援してるよ」

　　1　勝たないものか　　　　　　　　　2　勝つかのようだ

　　3　勝ってみせるよ　　　　　　　　　4　勝ちっこない

(18) A：「ご主人はお料理するんですか」

　　B：「いいえ、（　　　）、お茶も自分で入れませんよ」

　　1　料理どころか　　　　　　　　　　2　料理に限って

　　3　料理にもかかわらず　　　　　　　4　料理にしては

(19) 吉沼：「宮本さんにはもう連絡したの？」

　　草野：「それがメールアドレスも何もわからないから、（　　　）んだよ」

　　1　連絡したまえ　　　　　　　　　　2　連絡するすべがない

　　3　ろくに連絡しない　　　　　　　　4　連絡するには及ばない

(20) 部下：「A社の大型ゲームセンターの建設が中止になったそうですね」

　　課長：「ああ、住民の大反対で（　　　）」

　　1　中止すればそれまでだね　　　　　2　中止を余儀なくされたらしいよ

　　3　中止したも同然だね　　　　　　　4　中止にかたくないね

B　次の文の（　　　）に１・２・３・４の中から最も適当な言葉を入れなさい。

(21)　この小説はとても（　　　）子供の話で、何度読んでも泣いてしまう。
　　　　1　短気な　　　　　2　失礼な　　　　　3　かわいそうな　　4　楽な

(22)　お金がなくて、旅行を（　　　）。
　　　　1　諦めた　　　　　2　詰めた　　　　　3　埋めた　　　　　4　閉じた

(23)　晴れた日は遠くに富士山が（　　　）見える。
　　　　1　ぴったり　　　　2　うっかり　　　　3　くっきり　　　　4　ぐっすり

(24)　我が社では営業の森さんが情報システム担当も（　　　）いる。
　　　　1　兼ねて　　　　　2　込めて　　　　　3　覆って　　　　　4　替えて

(25)　舞台女優である娘の（　　　）を見るために劇場へ向かう。
　　　　1　我慢　　　　　　2　活気　　　　　　3　活躍　　　　　　4　行儀

(26)　暗いところから外に出ると、太陽の光が（　　　）感じる。
　　　　1　貧しく　　　　　2　まぶしく　　　　3　粗く　　　　　　4　幼く

(27)　（　　　）が故障して車が動かなくなった。
　　　　1　エンジン　　　　2　パートナー　　　3　イメージ　　　　4　ロケット

(28)　あの選手は基本が（　　　）いるから、高度な技術もすぐに身につく。
　　　　1　懐いて　　　　　2　漏れて　　　　　3　綻びて　　　　　4　備わって

(29)　大量に汗をかいたので、（　　　）のどが渇く。
　　　　1　てんで　　　　　2　さほど　　　　　3　まんまと　　　　4　やたらと

(30)　あの二人は（　　　）が合うようで、いつも一緒にいる。
　　　　1　猫　　　　　　　2　馬　　　　　　　3　虫　　　　　　　4　鬼

C　次の文の_____の意味に最も近いものを１・２・３・４の中から選びなさい。

(31)　スピードをはかる。
　　　１　体重　　　　　２　速度　　　　　３　気温　　　　４　身長

(32)　彼女は雨の中走り切った。
　　　１　走りたがった　　　　　　　　２　走るのを途中でやめた
　　　３　最後まで走った　　　　　　　４　走ろうとした

(33)　ここ数年、あわただしい毎日を送っている。
　　　１　忙しい　　　　２　楽しい　　　　３　つまらない　　４　不安な

(34)　今日の仕事はいつもよりくたびれた。
　　　１　疲れた　　　　２　多かった　　　３　難しかった　　４　頑張った

(35)　おいっ子は今３歳だ。
　　　１　いとこの子供　２　孫の子供　　　３　兄弟の娘　　　４　兄弟の息子

(36)　彼の振る舞いに驚いた。
　　　１　行動　　　　　２　能力　　　　　３　見た目　　　　４　話

(37)　氷を砕く。
　　　１　作る　　　　　２　かじる　　　　３　溶かす　　　　４　細かくする

(38)　ユニークな作品が展示されている。
　　　１　様々な　　　　２　独特な　　　　３　素敵な　　　　４　印象的な

(39)　彼女は課長に何を言われてもけろりとしている。
　　　１　不満そうだ　　　　　　　　２　笑っている
　　　３　気にせず平気そうだ　　　　４　我慢している

(40)　部長は食事もそこそこに仕事に戻った。
　　　１　十分に食事をせずに　　　　２　一人で食事をして
　　　３　きちんと食事をしてから　　４　食事をしないで

2 読解問題

問題 1

次のメールを読んで問題に答えなさい。
答えは１・２・３・４の中から最も適当なものを１つ選びなさい。

送信日：2022/09/12　11:17
件　名：社内アンケートについて
添　付：アンケート2022.pdf 📎

社員各位

お疲れさまです。
総務部　村上です。

８月末にお配りしたアンケートですが、すでにご提出いただいた方はご協力ありがとうございました。
まだご提出いただいていない方は提出期限が３日後となっていますので、ご記入の上、総務部にある提出用の箱に入れてください。
用紙をなくした方はこちらのメールに添付した用紙をご利用ください。

このアンケートは社員全員に回答をお願いしております。
お手数ですがご協力をお願いいたします。

ご質問がございましたら、総務部　村上までお願いします。

村上（内線：338）

（41）　アンケートの提出期限はいつですか。
　　　　1　8月末
　　　　2　9月3日
　　　　3　9月12日
　　　　4　9月15日

（42）　アンケート用紙がない人はどうしますか。
　　　　1　添付ファイルを印刷する。
　　　　2　総務部へ取りに行く。
　　　　3　村上さんに連絡する。
　　　　4　メールで回答する。

問題　2

次のメールを読んで問題に答えなさい。
答えは１・２・３・４の中から最も適当なものを１つ選びなさい。

2022/08/18　10:15

件名：新発売ビール「ささら」発売延期について

報道関係者各位

いつもお世話になっております。
株式会社河童鉄道広報部の相沢友美と申します。

弊社では栃木県内の駅売店を中心に９月１日に地域特産ビール「ささら」（330ml
瓶）を発売する予定でしたが、８月15日に発生した地震により製造済みビールが棚
から落下する被害が発生し、出荷できない状況でございます。
そのため、発売開始が約１か月遅れ、10月初旬となる見込みとなりました。
また、しばらくの間は計画した生産量には届かない状況ですので、販売場所を栃
木県内の一部の駅に限定してお一人様３本までとさせていただきます。

　　発売開始予定：　　10月初旬（正式に決まり次第ご案内します）
　　販売場所：　　　　塩原駅、日光駅

なお、商品の詳細については弊社WEBサイトをご覧ください。
ご迷惑をおかけしますことをお詫び申し上げます。

株式会社河童鉄道広報部
相沢友美
〒32X-XXXX　栃木県宇都宮市○○1-2
e-mail:aizawa@XXXX.co.jp
TEL：0282-XX-34XX　FAX：0282-XX-32XX

（43）　ビールが発売延期になった原因は何ですか。
　　　　1　工場の停電により生産できなくなったから
　　　　2　地震で製品が被害を受けたから
　　　　3　ビールの品質が良くなかったから
　　　　4　倉庫で作業するスタッフが足りないから

（44）　メールの内容と合っているのはどれですか。
　　　　1　発売日は10月1日に決定した。
　　　　2　発売から1か月後には生産量が回復する見込みである。
　　　　3　栃木県以外の駅でも購入することができる。
　　　　4　販売直後は購入数量に制限がある。

問題 3

次の文書を読んで問題に答えなさい。
答えは1・2・3・4の中から最も適当なものを1つ選びなさい。

2022年8月31日

社員各位

運動会実行委員長
総務部　石田健

社内運動会のお知らせ

　昨年は台風で中止となった社内運動会ですが、本年は下記の通り予定しております。各部署の対抗戦やお子様でも参加していただけるプログラムもご用意しておりますので、ご家族の皆様と是非ご一緒にご参加ください。

記

1. 日時　　　10月9日（土）10：00〜15：00

2. 場所　　　光が丘第一競技場（光が丘駅から徒歩5分）

3. 申し込み　9月17日（金）までに申し込み用紙に必要事項を記入の上、各部署の実行委員にお渡しください。用紙は各部署に配布済です。

・プログラムは9月末までに参加希望者に配布します。
・雨天の場合は中止です。中止の場合は当日8時30分までに申し込み用紙にご記入いただいたメールアドレスにご連絡します。
・昼食、お飲み物等は各自ご用意ください。
・駐車場の駐車台数には限りがございますので、できるだけ公共交通機関でお越しください。

以上

（45） 社内運動会に参加したい人はどうしますか。
　　1　申し込み用紙に記入後、自分の部署の実行委員に提出する。
　　2　申し込み用紙に記入後、総務部の実行委員に提出する。
　　3　自分の部署の実行委員にメールで参加の申し込みをする。
　　4　総務部の石田さんにメールで参加の申し込みをする。

（46） 社内運動会について、文書と合っているのはどれですか。
　　1　参加者はこの会社の社員に限られている。
　　2　去年も運動会が開催された。
　　3　昼食や飲み物は自分で持っていかなければならない。
　　4　開催される光が丘第一競技場には駐車場がない。

問題　4

次の文書を読んで問題に答えなさい。
答えは1・2・3・4の中から最も適当なものを1つ選びなさい。

2022年9月10日

株式会社研修サポート
鈴木　良子　様

マツザキ工業株式会社
人事部　佐藤　紘一

　　拝啓　初秋の候、ますますご清栄のこととお慶び申し上げます。
　　マツザキ工業株式会社の佐藤紘一です。このたびはご多忙の中弊社までご来訪いただき、管理職向け研修会で講師を務めていただきまして、誠にありがとうございました。
　　大変有意義なご教示をいただきましたことに感謝申し上げます。出席者には大変好評で、「管理職として必要な役割を認識できた」「マネジメントの基本を学ぶことができた」等の声が届いております。受講した社員から回収したアンケートをまとめ、同封いたしましたのでご覧いただければと存じます。
　　また、今回の研修会では事前打ち合わせの際に弊社担当者の遅刻がありましたことを改めましてお詫び申し上げます。なにとぞお許しください。
　　是非、次回も講師としてご講演いただけますと幸いでございます。その際はまた改めてご依頼差し上げます。
　　近いうちに直接お礼に伺います。まずは、書面にてお礼申し上げます。

敬具

（47） 佐藤さんは何をすると言っていますか。
1　鈴木さんにアンケートを取る。
2　鈴木さんに会いに行ってお礼を言う。
3　鈴木さんと一緒にアンケート結果を確認する。
4　研修のアンケート結果をまとめる。

（48） 文書の内容と合っているのはどれですか。
1　マツザキ工業の管理職を対象に研修が行われた。
2　鈴木さんは研修が有意義だったと感謝している。
3　鈴木さんは研修の打ち合わせに遅刻した。
4　佐藤さんは次の研修を鈴木さんに頼むつもりはない。

問題　5

次の文章を読んで問題に答えなさい。
答えは１・２・３・４の中から最も適当なものを１つ選びなさい。

　（＊）ドーパミンがいちばん分泌される、つまり快楽を感じるのが、「予想していた」ことが「実現される」ときです。しかし、もっとドーパミンが出るのは、「予想外のこと」が起きたときです。

　動物実験では、美味しいものを食べているときではなく、「美味しいものが食べられる期待感を持っているとき」、あるいは「予想外のときに美味しいものが食べられたとき」に、最もドーパミンが出ることがわかっています。

　またいくら美味しいものでも、飽きがきてしまうとドーパミンが出なくなります。再びドーパミンを出すには、また新しいものを探すしかないのです。

（＊）ドーパミン…気持ちよさや幸せを感じるときに出る脳内物質

　　　　　（米山公啓『騙される脳　～ブームはこうして発生する～』扶桑社より一部改）

---

(49)　最もドーパミンが分泌される例として、文章の内容と合っているのはどれですか。
1　宝くじを一生買わないと心に決めたとき
2　当たると思っていた宝くじが外れ、破って捨てるとき
3　当たらないと思っていた宝くじが当たったとわかったとき
4　宝くじが当たり、お金に換えるとき

問題　6

次の文章を読んで問題に答えなさい。
答えは１・２・３・４の中から最も適当なものを１つ選びなさい。

　　4月から「大人」の定義が^{（＊1）}明治以来146年ぶりに変わる。
^{（＊2）}改正民法の施行により、法律上の大人と認められる成人年齢が20歳から18歳に引き下げられる。

（…中略…）

　　飲酒や喫煙が可能になるのは従来通り20歳のままとする。健康への影響を考えれば妥当である。ただ本来は、「大人」として自分で判断すべきことではないか。
　　少子高齢化の進行でこれからの社会を支える若者の負担は増すばかりだ。^{（＊3）}コロナ禍が追い打ちをかけ、困難な状況と言うほかない。
　　だが時代を切り開くのは^{（＊4）}古来、若者の役割だった。自ら判断し、自ら行動する。そんな自立した個人として力を発揮してほしい。

（＊1）明治…明治時代。1868年〜1912年
（＊2）改正民法…民法の一部を改正した法律
（＊3）コロナ禍…新型コロナウイルスの感染拡大による困難な状況
（＊4）古来…昔から

（「北海道新聞」2022年3月30日配信より一部改）

---

(50)　　筆者の考えと合っているのはどれですか。
　　　1　成人年齢が20歳から18歳に引き下げられるのは妥当な判断である。
　　　2　飲酒や喫煙が可能になる年齢も18歳に引き下げたほうがいい。
　　　3　若者には自分で判断しながら新しい時代を作っていってほしい。
　　　4　昔と違い、今の若者には自分で判断し行動する力が不足している。

問題　7

次の文章を読んで問題に答えなさい。
答えは１・２・３・４の中から最も適当なものを１つ選びなさい。

　　2025年大阪・関西(＊1)万博の開幕まで、13日で３年となった。目標の３分の２の100か国・地域が参加を表明し、(＊2)パビリオンの設計などの準備が進んでいる。万博の運営組織「日本国際博覧会協会」（万博協会）は、スマートフォンでパビリオンの入場予約ができる仕組みなどを検討し、「並ばない万博」を目指す。
　　万博は、大阪市の人工島・夢洲の155ヘクタールを会場に、25年４月13日から半年間開催される。テーマは「いのち輝く未来社会のデザイン」で、健康や医療に関する最先端の技術を展示する。会場と関西空港などを結ぶ「空飛ぶクルマ」の運航も計画されている。

（＊1）万博…国際博覧会
（＊2）パビリオン…博覧会会場の展示館

（2022年４月13日「読売新聞」より抜粋）

(51)　　文章の内容と合っているのはどれですか。
　　1　万博のテーマに合わせて「空飛ぶクルマ」が開発された。
　　2　人が並ばずに入場できる方法が模索されている。
　　3　参加する国や地域の数はすでに目標に達した。
　　4　万博が開催される会場はまだ確定していない。

このページには問題はありません。

問題　8

次のページの案内を読んで問題に答えなさい。
答えは１・２・３・４の中から最も適当なものを１つ選びなさい。

（52）　宮下さんは「スペシャル会員」です。宮下さんを含む４人で一般料金が
　　　　10,000 円の公演を見ることにしました。宮下さんが支払うチケットの料金は
　　　　４人分でいくらですか。
　　　　1　30,000 円
　　　　2　36,000 円
　　　　3　39,000 円
　　　　4　40,000 円

（53）　案内の内容と合っているのはどれですか。
　　　　1　メールマガジンに登録すると、公演情報が毎週届く。
　　　　2　「スペシャル会員」は１年に４枚までチケットが無料となる。
　　　　3　「レギュラー会員」になる際、入会金がかかる。
　　　　4　「レギュラー会員」の登録は WEB からのみ行うことができる。

♪ひまわりホール友の会　会員募集♪

【スペシャル会員】入会金：1,000円　年会費：2,000円　会員期間：1年間
　＜特典＞
　①チケット先行販売

　　ひまわりホールで行われる公演のチケットを、一般販売よりも先に予約できます。※公演1回あたりチケット4枚まで

　②チケット料金割引

　　チケット代金が一般料金の10%割引になります。

　　※公演1回あたりチケット4枚まで

　③会員向けイベント：スペシャル会員様だけのイベントにご招待します。

　④メールマガジンの配信：公演の情報を毎月メールでお送りします。

【レギュラー会員】入会金・年会費：無料　会員期間：無期限
　＜特典＞
　①チケット先行販売

　　ひまわりホールで行われる公演のチケットを、一般販売よりも先に予約できます。※公演1回あたりチケット4枚まで

　②メールマガジンの配信：公演の情報を毎月メールでお送りします。

■入会方法
　1．スペシャル会員
　　窓口でのお手続き

　　　ひまわりホールの窓口に直接お越しください。入会金、会費のお支払いは現金払いのみとなります。

　　WEBでのお手続き

　　　ひまわりホール友の会のホームページから会員登録後、案内に従って入会金と会費をお支払いください。銀行振り込みまたはクレジットカード払いが可能です。

　2．レギュラー会員

　　　ひまわりホール友の会のHPから会員登録をしてください。

問題　9

次の文章を読んで問題に答えなさい。
答えは１・２・３・４の中から最も適当なものを１つ選びなさい。

　日本の正社員は一般に異動の範囲が明確でなく、意に沿わない転勤命令にも従わなければならない。限定正社員はこうした正社員像への(＊1)アンチテーゼだ。

　労働政策研究・研修機構の2021年1月1日時点での調査によれば、職務限定の正社員がいる企業の割合は9.8％、勤務地限定正社員がいる企業は9.6％だった。

　(＊2)厚労省の雇用均等基本調査によると、1カ月以上の期間を定めて雇用されている人なども含めた「常用労働者」のなかで、「職種・職務限定正社員」の制度を利用している人の割合は20年度に10.4％。「勤務地限定正社員」の制度利用者は8.7％だ。

　(＊3)ワークライフバランスを重視する人、仕事と子育てや介護を両立させたい人以外にとっても、限定正社員という仕組みは利用価値がある。職務を限れば、専門性の向上や自分の意思によるキャリア形成が進めやすくなる。限定正社員は世の中にもっと広がっていい雇用形態だ。（…中略…）

　日本企業の間では、社内の各ポジションの職務をはっきりさせ、遂行能力のある人材を社内外から起用するジョブ型の人事制度の導入が相次いでいる。職務を限る労働契約が広がり始めれば、ジョブ型制度の普及も促しそうだ。

（＊1）アンチテーゼ…ここでは、ある立場と反対の考え方
（＊2）厚労省…厚生労働省
（＊3）ワークライフバランス…仕事と生活の調和

（「日本経済新聞」2022年3月29日配信より一部改）

（54）　この文章では、限定正社員の定義^{ていぎ}は何ですか。

1　職務にのみ限定がある正社員

2　勤務地にのみ限定がある正社員

3　職務または勤務地に限定がある正社員

4　職務と勤務地の両方に限定がある正社員

（55）　文章の内容と合っているのはどれですか。

1　2020年度、職務限定制度の利用者は勤務地限定制度の利用者より多かった。

2　2021年1月時点で職務限定の正社員のいる企業^{きぎょう}の割合は約2割だった。

3　ジョブ型の人事制度の普及^{ふきゅう}には勤務地限定制度が欠かせない。

4　職務限定制度が広がったことにより、キャリア形成が難しくなった。

問題　１０

次の文章を読んで問題に答えなさい。
答えは１・２・３・４の中から最も適当なものを１つ選びなさい。

　読書とは、じつは自分の価値観を確認する行為なのです。文章を読みながら自分の価値観を呼び覚ましている、と言ってもよいでしょう。

　一般に本の読み手は、自分の価値観に合った文章を気に入るものです。逆にいえば、印刷された文章を構成している価値観と一致する人にだけ、その文章は訴えかけるのです。

　したがって、価値観の合わない人には、どんなに優れた文章も魅力的には映りません。たとえ (*) 美辞麗句を尽くしたとしても、なんの効果も生み出さないのです。

　実際のところ、読書でまったく新しい考え方を得ることなど、ほとんどありえません。一冊の本の九割ほどが、すでに自分がもっている知識の強化なのであり、一割だけ新しいことをつけ足している程度なのです。

　これは立場を換えれば、文章を書く際にも忘れてはならない点です。他人に文章で何かを伝えるときのポイントがここにあるのですから。すなわち、読んでもらう人の価値観に合わせないと、何を書いてもムダになる。人は自分の価値観に合致したことだけしか、頭に入らないのです。

　人間は思っているよりも、ずっと自分の価値観に支配されています。「人の行為は価値観が決定する」というのが、現代心理学が到達した結論なのです。

（*）美辞麗句を尽くした…美しく飾った言葉で表現した

（鎌田浩毅『京大理系教授の伝える技術』PHP研究所より一部改）

---

(56) 読書について、筆者の考えと合っているのはどれですか。

1　読書によって、他人の価値観(かちかん)が理解できるようになる。

2　読書によって、自分がどんな価値観を持っているのかが確かめられる。

3　読書によって、新しい知識が蓄(たくわ)えられる。

4　読書によって、記憶力(きおく)がよくなる。

(57)　「文章を書く際にも忘れてはならない点」とありますが、どんなことですか。

1　美辞麗句(びじれいく)を尽(つ)くした文章のほうが読み手の記憶(きおく)に残りやすいということ

2　シンプルな文章のほうが読み手に伝わりやすいということ

3　読み手の価値観(かちかん)に合わないことを書いても伝わらないということ

4　書き手と読み手の価値観が合致することはほとんどないということ

問題　１１

次の文章を読んで問題に答えなさい。
答えは１・２・３・４の中から最も適当なものを１つ選びなさい。

　　もちろん、国政を預かる議会や政治家を無批判に信用すればよいというものではない。権力を警戒し、これを監視することもまた、健全な民主政治のためには必要なことだからだ。しかし、問題は、有権者から権力を預かる担い手そのものを信用できなければ、代表制民主主義という（＊１）OSは作動し得ないということだ。

　　（　　Ａ　　）、国会に議席を持つ政治家が無駄で不要な公共行事を強要したり、地元に利益誘導したり、選挙で勝つために汚職に手を染めたりすることはあるだろう。こうした行為があれば、定期的に行われる選挙を通じて、議員を落選させたり、司法の手に裁きを委ねたりすればよい。しかし、「代理人」が正しく働かないという事実と、彼らがそもそも人として（＊２）端から信用できない、ということは別次元で考えられるべきだ。言い換えれば「代理人」が「どう働いているのか」ということと、「信頼しがたい」のかとは（それが分かちがたいものだとしても）、切り離して考えるべきなのだ。「政治とは結婚生活のようなもの」と（＊３）いってのけたのは、シャットシュナイダーという政治学者だが、例えば自分の夫が浮気をしたり昇進できなかったり、子どもが宿題をさぼったり受験に失敗したり、親が（＊４）毒親だったり夜ご飯を準備しなかったりしても、そうした行動を責めることと、その存在を端から否定するのとでは、その後の関係は大きく変わってくるだろう。代表制民主主義とて、同じことだ。

（＊１）OS…Operating Systems。ここでは、民主主義を稼働させる仕組みのこと
（＊２）端から…初めから
（＊３）いってのけた…見事にいった
（＊４）毒親…子どもに悪影響を及ぼす親

（吉田徹『くじ引き民主主義　政治にイノヴェーションを起こす』光文社より一部改）

(58) （　A　）に入る言葉はどれですか。
  1　それで
  2　したがって
  3　すなわち
  4　確かに

(59) 「彼ら」とは誰を指しますか。
  1　政治家
  2　有権者
  3　親
  4　子ども

(60) 筆者の考えと合っているのはどれですか。
  1　自ら選んだ政治家のことは信用すべきである。
  2　政治家の働きぶりとその人を信頼することとは分けて考えるべきである。
  3　政治家が地元に利益を誘導することはある程度仕方がない。
  4　政治家が不正行為を行っても、現在のシステムでは対処のしようがない。

3 漢字問題

A　次のひらがなの漢字をそれぞれ１・２・３・４の中から１つ選びなさい。

(61)　はが痛い。
　　　1　首　　　　　　　2　背　　　　　　　3　腹　　　　　　　4　歯

(62)　今日はしょくよくがない。
　　　1　食欲　　　　　　2　食指　　　　　　3　食費　　　　　　4　食客

(63)　株式市場があれている。
　　　1　荒れて　　　　　2　取れて　　　　　3　恐れて　　　　　4　乱れて

(64)　ゆうきを出して彼女に結婚を申し込んだ。
　　　1　短期　　　　　　2　勇気　　　　　　3　換気　　　　　　4　植木

(65)　はばが狭い道は危ない。
　　　1　舟　　　　　　　2　幅　　　　　　　3　輪　　　　　　　4　灰

(66)　毎月、テニスのざっしを買っている。
　　　1　放送　　　　　　2　雑誌　　　　　　3　殿堂　　　　　　4　冊子

(67)　彼女はとつぜん泣き出した。
　　　1　判然　　　　　　2　必然　　　　　　3　突然　　　　　　4　偶然

(68)　あのホテルのしゅういには何もない。
　　　1　周囲　　　　　　2　周辺　　　　　　3　包装　　　　　　4　包帯

(69)　積んであった箱がくずれた。
　　　1　憧れた　　　　　2　壊れた　　　　　3　崩れた　　　　　4　垂れた

(70)　きわめて危険な状態だ。
　　　1　極めて　　　　　2　締めて　　　　　3　屈めて　　　　　4　鎮めて

（71） 私の趣味は、<u>し</u>を書くことだ。

    1　枠　　　　　　2　詩　　　　　　3　芽　　　　　4　巣

（72）　雪の<u>けっしょう</u>を観察する。

    1　鉱床　　　　　2　決算　　　　　3　窒素　　　　4　結晶

（73）　<u>ゆうかい</u>事件が増えている。

    1　勧奨　　　　　2　誘拐　　　　　3　勧誘　　　　4　誘導

（74）　あの会社は近年<u>いちじるしい</u>成長を遂げた。

    1　著しい　　　　2　惜しい　　　　3　悔しい　　　4　宜しい

（75）　この<u>とびら</u>は開けにくい。

    1　眉　　　　　　2　盾　　　　　　3　扉　　　　　4　扇

B　次の漢字の読み方を例のようにひらがなで書いてください。

・ひらがなは、正しく、ていねいに書いてください。
・漢字の読み方だけ書いてください。

（例）　はやく書いてください。　　　　（例）　　　　　か

(76)　この犬は賢い。

(77)　早く書類を出してください。

(78)　あの人は感性が豊かだ。

(79)　資料は明日、完成の予定だ。

(80)　一緒に踊ろう。

(81)　その店は大通りに面している。

(82)　大学で哲学を専攻(せんこう)している。

(83)　この博物館(はくぶつかん)の来館者数は延べ100万人だ。

(84)　スーパーで刺身を買った。

(85)　僕(ぼく)の邪魔をするな。

(86)　部長は柔軟な考え方を持っている。

(87)　この作品は彼の最高傑作となるだろう。

(88)　道が緩やかにカーブしている。

(89)　中山(なかやま)部長は部下から慕われている。

(90)　この記事の掲載は来週になる。

4 記述問題

A 例のように＿＿＿＿＿に適当な言葉を入れて文を作ってください。

```
・文字は、正しく、ていねいに書いてください。
・漢字で書くときは、今の日本の漢字を正しく、ていねいに書いてください。

（例）　きのう、＿＿＿＿＿＿でパンを＿＿＿＿＿＿。
                     （A）              （B）
```

（例）	（A）	スーパー	（B）	買いました

(91) 子：お母さん、新しいゲームが欲しいんだけど。

　　　母：高校の入学試験に＿＿＿＿＿＿ら、＿＿＿＿＿＿あげるわよ。
　　　　　　　　　　　　　　　　（A）　　　　　　　（B）

(92) （玄関で）

　　　妻：お帰りなさい。あら、スーツが＿＿＿＿＿＿いるじゃない。
　　　　　　　　　　　　　　　　　　　　　　（A）

　　　夫：バスを＿＿＿＿＿＿とたんに急に雨が降ってきたんだ。
　　　　　　　　　（B）

(93) 父は年を＿＿＿＿＿＿につれ、＿＿＿＿＿＿が遠くなってきた。
　　　　　　　　（A）　　　　　　　　（B）

(94) 電話が＿＿＿＿＿＿とき、私はシャワーを＿＿＿＿＿＿最中だった。
　　　　　　　（A）　　　　　　　　　　　　　　（B）

(95) 意地悪な田辺部長のもとで仕事を＿＿＿＿＿＿くらいなら、
　　　　　　　　　　　　　　　　　　　　（A）

　　　会社を＿＿＿＿＿＿ほうがましだよ。
　　　　　　　（B）

B　例のように3つの言葉を全部使って、会話や文章に合う文を作ってください。

・【　　】の中の文だけ書いてください。

・1.→2.→3.の順に言葉を使ってください。

・言葉の＿＿の部分は、形を変えてもいいです。

・文字は、正しく、ていねいに書いてください。

・漢字で書くときは、今の日本の漢字を正しく、ていねいに書いてください。

（例）

きのう、【　1．どこ　　→　2．パン　　→　3．買う　】か。

| （例） | どこでパンを買いました |

---

(96)

飛行機の【　1．時間　→　2．遅れる　→　3．ように　】、

早く家を出よう。

(97)

A：風邪、大丈夫？

B：うん。【　1．薬　→　2．飲む　→　3．おかげ　】よくなったよ。

(98)

日本には長く【　1．勤める　→　2．勤める　→　3．ほど　】給料が

上がる会社が多い。

(99)

友人の死を知らされ、

私は驚き【　1．あまり　→　2．言葉　→　3．失う　】しまった。

(100)

何度も【　1．夫婦　→　2．話し合う　→　3．末に　】、

離婚することにした。

J.TEST

実用日本語検定

聴 解 試 験

1	写真問題	問題	1～10
2	聴読解問題	問題	11～20
3	応答問題	問題	21～40
4	会話・説明問題	問題	41～55

1 写真問題 （問題1〜10）

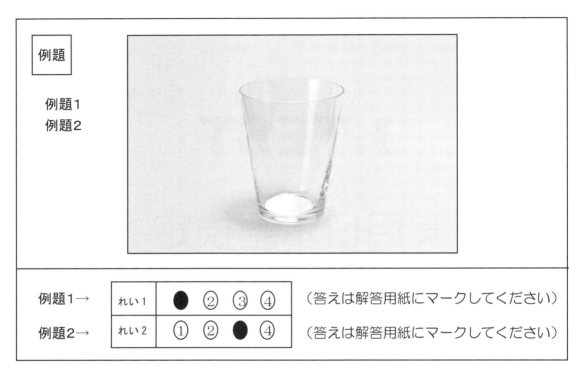

例題

例題1
例題2

れい1	●	②	③	④
れい2	①	②	●	④

例題1→　（答えは解答用紙にマークしてください）

例題2→　（答えは解答用紙にマークしてください）

A　問題1
　　問題2

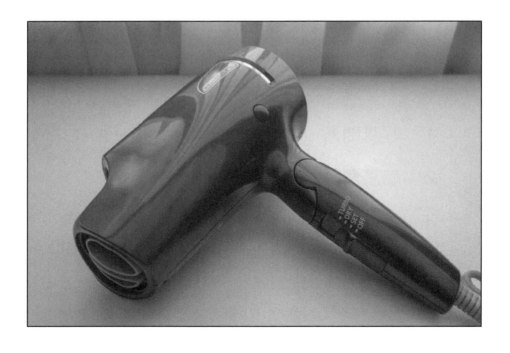

B 問題3
　問題4

C 問題5
　問題6

D 問題7
　問題8

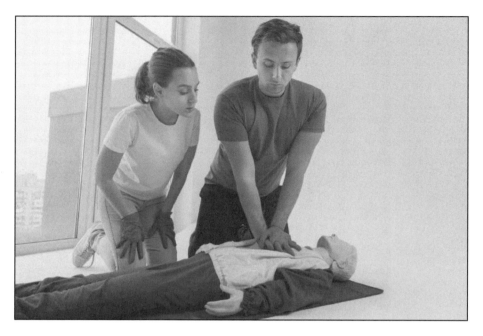

E 問題9

F 問題10

2 聴読解問題 （問題11〜20）

例題	①	②株式会社ＧＫ出版
例題1 例題2		営業部 部長 吉田 一郎 YOSHIDA Ichiro
	③ 〒130-0021 東京都墨田区緑×-×-× TEL:03-3633-xxxx E-mail:yoshida@XX.jp	④

例題1→	れい1	① ● ③ ④	（答えは解答用紙にマークしてください）
例題2→	れい2	① ② ● ④	（答えは解答用紙にマークしてください）

G　問題11

① 休憩室内（きゅうけいしつ ない）
② ロビー
③ エレベーター内
④ エレベーター前

問題12

① 日付（ひ づけ）
② 場所
③ 開始時刻（かい し じ こく）
④ 終了時刻（しゅうりょう じ こく）

会社説明会で知りたいこと

1位	①
2位	②
3位	③
4位	④
5位	研修制度

①

②

③

④

J　　問題17
　　　　問題18

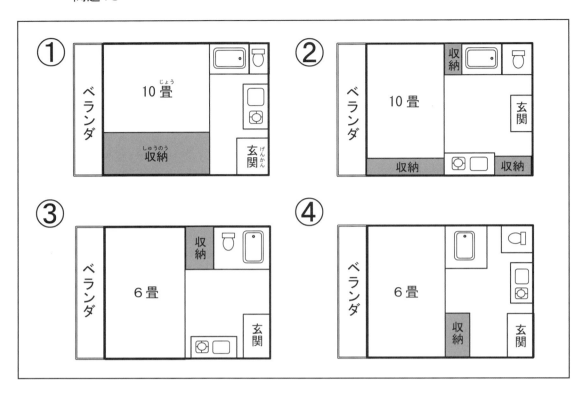

K　　問題19
　　　　問題20

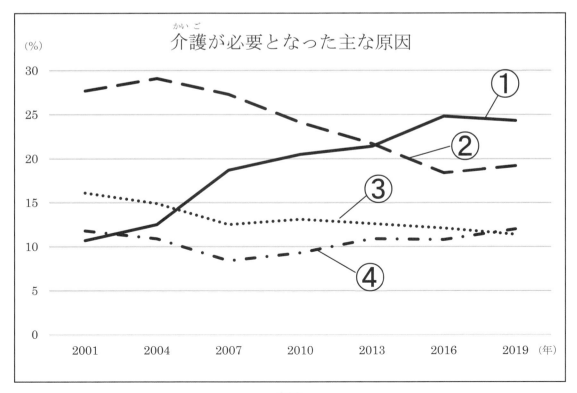

介護が必要となった主な原因

3 応答問題 (問題21〜40)

(問題だけ聞いて答えてください)

例題1 →	れい1	● ② ③	（答えは解答用紙にマークしてください）
例題2 →	れい2	① ● ③	（答えは解答用紙にマークしてください）

問題21

問題22

問題23

問題24

問題25

問題26

問題27

問題28

問題29

問題30

問題31

問題32

問題33

問題34

問題35

問題36

問題37

問題38

問題39

問題40

メモ (MEMO)

4 会話・説明問題 （問題41〜55）

1

問題41　1　会社を辞める同僚がいるから
　　　　2　新しい社員が入ったから
　　　　3　大きな仕事が終わったから

問題42　1　飲み会の店を予約する。
　　　　2　飲み会の店の場所を男性に知らせる。
　　　　3　飲み会の日程を調整する。

2

問題43　1　のどの痛みと熱
　　　　2　胸の痛みと吐き気
　　　　3　熱と吐き気

問題44　1　眠くなりにくい。
　　　　2　食事の前に飲む。
　　　　3　妊娠中の人も飲める。

3

問題45　1　味が濃い料理
　　　　2　野菜や魚の和食料理
　　　　3　量が少ない定食

問題46　1　おかずの販売
　　　　2　交流イベント
　　　　3　弁当の配達

4

問題47　　1　服を買う。
　　　　　2　服を捨てる。
　　　　　3　服を売る。

問題48　　1　あまり服を持っていない。
　　　　　2　アプリで服を売ったことがある。
　　　　　3　インターネットで服を買っている。

5

問題49　　1　オンライン会議のメリット
　　　　　2　オンライン会議での注意点
　　　　　3　オンライン会議に便利な道具

問題50　　1　オンラインでは話し出すタイミングが難しい。
　　　　　2　マイクは常にオンにしておいたほうがいい。
　　　　　3　オンラインでは表情や動きがオーバーになりがちである。

6

問題51　　1　制作料金が安い。
　　　　　2　デザイン性が高い。
　　　　　3　優れた実績がある。

問題52　　1　ＭＪウェブ社に制作を依頼する。
　　　　　2　別の会社に見積もりを依頼する。
　　　　　3　鳩デザイン社に価格を交渉する。

7

問題53　　1　市販のシャンプーが子供に合わなかったこと
　　　　　2　プラスチックごみ問題に関心を持ったこと
　　　　　3　大学で関連分野を専攻したこと

問題54　　1　固体で、様々な形や色の商品がある。
　　　　　2　香りによるリラックス効果がある。
　　　　　3　天然成分配合のコンディショナーが別売りされている。

問題55　　1　保管場所に注意が必要である。
　　　　　2　泡立ちが良くない。
　　　　　3　専用の容器が必要となる。

終わり

第6回 　　　　　　　　　　　　　　　　　　　　　（A－C）

実用日本語検定

TEST OF PRACTICAL JAPANESE

J.TEST

受験番号		氏　名	

注　意

1　試験が始まるまで、この問題用紙を開けないでください。

2　この問題用紙は、全部で４１ページあります。

日本語検定協会／J.TEST事務局

J.TEST

実用日本語検定

読 解 試 験

1　文法・語彙問題　問題　（1）〜（40）

2　読解問題　　　　問題　（41）〜（60）

3　漢字問題　　　　問題　（61）〜（90）

4　記述問題　　　　問題　（91）〜（100）

1 文法・語彙問題

A　次の文の（　　　）に1・2・3・4の中から最も適当な言葉を入れなさい。

（1）　面接時間は1人（　　　）10分だ。
　　　　1　に沿って　　　2　につき　　　3　にかけては　　　4　にわたって

（2）　重要なことは同じ間違いを繰り返さない（　　　）だ。
　　　　1　つもり　　　2　ところ　　　3　もの　　　4　こと

（3）　この製品の輸出量は（　　　）つつある。
　　　　1　増え　　　2　増える　　　3　増えて　　　4　増えた

（4）　今の仕事はお客様に喜ばれるので、やり（　　　）を感じる。
　　　　1　がたさ　　　2　ぎみ　　　3　がい　　　4　次第

（5）　行列に並んで（　　　）して、手に入れたいとは思わない。
　　　　1　から　　　2　と　　　3　も　　　4　まで

（6）　仕事が（　　　）ものだから、長い間友達に連絡していない。
　　　　1　忙しくない　　　2　忙しい　　　3　忙しくて　　　4　忙し

（7）　上司に書類作成を頼まれ、（　　　）ざるを得なくなった。
　　　　1　残業　　　2　残業し　　　3　残業せ　　　4　残業する

（8）　剣を持った姿（　　　）、まるで戦国時代の武士のようだ。
　　　　1　といえども　　　2　かたがた　　　3　ならでは　　　4　たるや

（9）　彼は結婚してからという（　　　）、まっすぐ家に帰るようになった。
　　　　1　もの　　　2　こと　　　3　わけ　　　4　うち

（10）　子供を学校に迎えに（　　　）がてら買い物をした。
　　　　1　行こう　　　2　行き　　　3　行って　　　4　行く

（11）　昨日、今日（　　　）海が荒れている。
　　　　1　と　　　2　も　　　3　に　　　4　で

(12) 希望の大学に入学できるかどうかは本人の努力（　　　）。

1　極まりない　　　2　だにしない　　　3　いかんだ　　　　4　にあたらない

(13) 安月給でこんなに（　　　）はかなわない。

1　働かされて　　　2　働かされる　　　3　働かされ　　　　4　働かされた

(14) エアコンが壊れて、暑い（　　　）なんのって。

1　に　　　　　　　2　が　　　　　　　3　の　　　　　　　4　と

(15) 彼女とは結婚（　　　）付き合っている。

1　をおして　　　　2　を経て　　　　　3　を前提に　　　　4　をたよりに

(16) 高橋：「中村さん、中国語が話せるかな。奥さんが中国人だから」
　　　池田：「奥さんが中国人だからといって、中国語が（　　　）」

1　話せるかのようだよ　　　　　　　　　2　話せるおかげだよ
3　話せるに違いないよ　　　　　　　　　4　話せるとは限らないよ

(17) A：「登山、始めたんですって？」
　　　B：「いや、道具は（　　　）、まだ一度も行けていないんだ」

1　揃えさえすれば　　　　　　　　　　　2　揃えたことだし
3　揃えたというより　　　　　　　　　　4　揃えたものの

(18) 吉岡：「今日の食事会、石井さんも参加するでしょうか」
　　　篠原：「（　　　）、きっと来るよ。毎回参加しているんだから」

1　石井さんのことだから　　　　　　　　2　石井さんにしては
3　石井さん次第で　　　　　　　　　　　4　石井さんどころか

(19) A：「事故で電車が止まっているみたいだよ」
　　　B：「困ったな。（　　　）」

1　電車で帰るまでのことだな　　　　　　2　帰ろうにも帰れないな
3　電車で帰らずともよいな　　　　　　　4　帰ったら最後だな

(20) 上司：「午後から外出するので、何かあったら（　　　）連絡してください」
　　　部下：「わかりました」

1　連絡することなしに　　　　　　　　　2　電話なりメールなりで
3　メールにかまけて　　　　　　　　　　4　電話しようがしまいが

B　次の文の（　　　）に1・2・3・4の中から最も適当な言葉を入れなさい。

(21)　試合に負けて（　　　）した。
　　　　1　あちこち　　　2　ぐっすり　　　3　がっかり　　　4　そっと

(22)　友人の相談に（　　　）。
　　　　1　受けた　　　2　持った　　　3　立った　　　4　乗った

(23)　私はいつも（　　　）色の服を着ている。
　　　　1　地味な　　　2　のんきな　　　3　平らな　　　4　勝手な

(24)　廊下の邪魔な荷物を（　　　）。
　　　　1　どける　　　2　もたれる　　　3　むく　　　4　はがす

(25)　私は将来、漫画（　　　）になりたい。
　　　　1　員　　　2　師　　　3　人　　　4　家

(26)　母の作る料理が（　　　）。
　　　　1　清い　　　2　恋しい　　　3　のろい　　　4　紛らわしい

(27)　彼女は甘いものには（　　　）がない。
　　　　1　顔　　　2　口　　　3　手　　　4　目

(28)　部長とゆっくり話したいが、いつも（　　　）が合わない。
　　　　1　タイミング　　　2　カーブ　　　3　ジャンル　　　4　スムーズ

(29)　ミスを（　　　）、あとで大問題になった。
　　　　1　見合わせて　　　2　見極めて　　　3　見落として　　　4　見計らって

(30)　（　　　）ではございますが、乾杯の挨拶をさせていただきます。
　　　　1　遺憾　　　2　僭越　　　3　画期的　　　4　簡便

C 次の文の＿＿＿の意味に最も近いものを１・２・３・４の中から選びなさい。

(31) 今日の試合は延期した。
　　　１　予定通り行った
　　　３　時間を短くした
　　　２　キャンセルした
　　　４　スケジュールを遅くした

(32) 入れ物が壊れた。
　　　１　カバー　　　　　２　アイロン　　　　３　ケース　　　　４　スイッチ

(33) この服は娘にはぴったりだ。
　　　１　ちょうどいい　　２　似合わない　　　３　大きい　　　　４　小さい

(34) 紙をちぎってください。
　　　１　手で切って　　　２　折って　　　　　３　数えて　　　　４　捨てて

(35) 成田さんは清水さんに勝てっこない。
　　　１　勝ったことがない
　　　３　勝てるわけがない
　　　２　勝てたらしい
　　　４　勝つかもしれない

(36) 今日は昨日よりやや寒い。
　　　１　昨日ほど寒くない
　　　３　昨日より少し寒い
　　　２　昨日よりかなり寒い
　　　４　昨日と同じくらい寒い

(37) 毎日へとへとです。
　　　１　とても忙しいです
　　　３　とても楽しいです
　　　２　とても疲れます
　　　４　とてもつらいです

(38) １月の業務再開を目途に、準備を進める。
　　　１　建前にして　　　２　目標にして　　　３　条件にして　　　４　希望にして

(39) 永田さんのアメリカ転勤が決まった。うらやましいといったらない。
　　　１　とてもうらやましい
　　　３　全然うらやましいと思わない
　　　２　誰もがうらやましいと思っている
　　　４　誰もうらやましいと思っていない

(40) 私は今度の事業に懸念を抱いている。
　　　１　期待している
　　　３　憧れを持っている
　　　２　懸命に取り組んでいる
　　　４　不安を感じている

2 読解問題

問題 1

次のメールを読んで問題に答えなさい。
答えは1・2・3・4の中から最も適当なものを1つ選びなさい。

2022/10/06 10:00

件名：新商品の試食会について

営業部各位

お疲れさまです。商品開発部 斉藤です。

クリスマスにもお正月にも合う当社の新商品「ワッフル風せんべい（仮）」が完成しました。12月1日発売予定です。
そこで、下記のとおり新商品の試食会を行い、商品名、包装デザインのアイデアを募集したいと思います。

日時 ： 10月11日（火）11:00 ～ 12:00（出入り自由）
会場 ： 商品開発部ミーティングルーム

参加ご希望の方はこのメールに返信してください。
試食会の後、参加者にはアンケートURLをお送りします。
ぜひ皆様のご意見を伺いたいと思います。
なお、参加希望後ご都合が悪くなった場合の連絡は不要です。
できるだけ多くの方のご参加をお待ちしております。

（41）　試食会を行うのはなぜですか。
　　　1　新商品の名前や包装デザインを決めるため
　　　2　新商品の味を改良するため
　　　3　新商品を発売するかどうか決めるため
　　　4　新商品の生産計画を立てるため

（42）　メールの内容と合っているのはどれですか。
　　　1　参加者は11時までに会場に行かなければならない。
　　　2　参加者は試食会で配られるアンケートに答える。
　　　3　新商品は12月の発売に向けて開発された。
　　　4　参加できない場合も斉藤さんに連絡する。

問題　2

次のメールを読んで問題に答えなさい。
答えは１・２・３・４の中から最も適当なものを１つ選びなさい。

2022/11/02　16:45

ツキタ株式会社
新田様

いつもお世話になっております。
株式会社グリーン商事の塚本です。

平素はお引き立ていただき、誠にありがとうございます。
さて、9月30日付けでご請求書をお送りしましたが、本日11月2日現在、ご入金の確認ができておりません。お支払い期日は、10月31日でございましたので、至急お調べくださいますようお願い申し上げます。

1. 請求書番号　　5882‐002
2. 品名　　　　　JHHN20　90個
3. 納品日　　　　2022年9月1日
4. 請求額　　　　450,000円

なお、すでにお支払いいただいている場合は、誠に申し訳ありませんが、振込日、銀行名等をお知らせください。弊社より銀行へ問い合わせをいたします。
入金が完了しております場合は行き違ったものと思われますので、失礼の段、お許しくださるようお願い申し上げます。

```
**********************************************
```
株式会社グリーン商事　　営業部
　塚本　めぐみ
〒668-78XX　　兵庫県○○市西町13-XX
TEL:0798-21-XXXX　　　e-mail:myotsuda@XXXX.co.jp
```
**********************************************
```

（43）　塚本さんはどうしてこのメールを送りましたか。
　　　1　請求書の内容が正しいかどうか確認してほしいから
　　　2　商品の品質について意見を聞きたいから
　　　3　期限を過ぎても商品代が支払われないから
　　　4　失礼なことをしたので謝りたいから

（44）　メールの内容と合っているのはどれですか。
　　　1　新田さんは10月31日に銀行へ行き代金を振り込んだ。
　　　2　新田さんは代金の支払いのためグリーン商事へ行かなければならない。
　　　3　商品は９月１日にツキタ株式会社に届けられた。
　　　4　請求書は商品と一緒にツキタ株式会社に送られた。

問題　3

次の文書を読んで問題に答えなさい。
答えは１・２・３・４の中から最も適当なものを１つ選びなさい。

2022 年 11 月 15 日

社員各位

総務部長　山内 京子

人事・経理業務のオンライン化について

　2023 年１月４日より、当社の人事・経理業務がオンライン化されることになっています。今後、出張費や残業代、通勤手当の申請など、これまで書類で行ってきた作業が徐々にすべてオンライン申請となります。
　オンライン化にあたり、以下の社員情報を管理システムに登録しました。

・基本情報（住所、連絡先、通勤経路、社会保険番号など）
・経歴（入社後の赴任先、所属課、役職など）
・在留カードの情報（番号、期限、在留資格など）＊外国籍の方

　これらのデータに間違いがないか確認をお願いします。
　11 月 21 日に、社員 ID および初回ログイン時の仮パスワードを発行します。管理システムにログインして、まずパスワードを変更し、データに間違いがあれば訂正してください。パスワードは自分で管理し、他人に知られないようにしてください。
　連続して３回ログインに失敗すると、ロックされます。その際は総務部に連絡してください。

以上

(45) すべての社員がしなければならないことは何ですか。
　　1　基本情報の入力
　　2　社員 ID の登録
　　3　通勤経路の入力
　　4　パスワードの変更

(46) 文書の内容と合っているのはどれですか。
　　1　データが間違っていたら総務部へ連絡する。
　　2　将来は出張費の精算などもオンライン申請となる。
　　3　変更したパスワードは総務部が管理する。
　　4　連続して３回ログインに失敗すると総務部からメールが届く。

問題　4

次の文書を読んで問題に答えなさい。
答えは1・2・3・4の中から最も適当なものを1つ選びなさい。

令和4年12月5日

株主各位

株式会社モリノ
代表取締役　山本明

第40期定期株主総会開催のご案内

　拝啓　皆様におかれましてはますますご清祥のこととお慶び申し上げます。平素は格別のご高配を賜り厚く御礼申し上げます。

　さて、弊社第40期株主総会を下記のとおり開催いたしますので、ここにお知らせいたします。ご多忙中とは存じますが、なにとぞご出席いただきますようお願い申し上げます。

　なお、総会決議承認可決には、規定により、発行済み株式数の3分の1にあたる株式を有する方々のご出席が必要となります。当日欠席される場合は、恐れ入りますが、別紙の参考資料をご検討いただき、同封の委任状に本議案の賛否をご記入、ご捺印の上、令和5年1月10日までに弊社までご返送いただきますようお願い申し上げます。

敬具

記

日時：令和5年1月20日（金）　午後1時～

会場：さくらホテル5階　大会議室

　　　（当日直接会場までお越しください。地図を同封しております）

議案：（1）令和4年営業報告書の件

　　　（2）今後の経営方針の件

　　　（3）取締役1名選任の件

以上

（47） 出席できない人はどうしたらいいですか。
　　　1　総会後に届く資料を読んで、議案の賛否を株式会社モリノに連絡する。
　　　2　当日、代理の人に出席してもらう。
　　　3　1月10日までにさくらホテルに欠席と連絡をする。
　　　4　1月10日までに株式会社モリノに委任状を送る。

（48） 文書の内容と合っているのはどれですか。
　　　1　この株主総会は臨時で開催される。
　　　2　この文書には会場の地図と参考資料と委任状が同封されている。
　　　3　議案は当日出席者の3分の1以上が承認した場合、可決される。
　　　4　当日、取締役の解任決議が行われる。

問題　5

次の文章を読んで問題に答えなさい。
答えは１・２・３・４の中から最も適当なものを１つ選びなさい。

　世のなかの人はみな幸福を求めているが、その幸福をかならず見つける方法がひとつある。それは、自分の気の持ち方をくふうすることだ。幸福は外的な条件によって得られるものではなく、自分の気の持ち方ひとつで、どうにでもなる。
　（＊）幸不幸は、財産、地位、職業などで決まるものではない。何を幸福と考え、また不幸と考えるか――その考え方が、幸不幸の分かれ目なのである。たとえば、同じ場所で同じ仕事をしている人がいるとする。ふたりは、だいたい同じ財産と地位を持っているにもかかわらず、一方は不幸で他方は幸福だということがよくある。なぜか？　気の持ち方がちがうからだ。

（＊）幸不幸…幸福と不幸

（D・カーネギー『人を動かす』創元社より一部改）

---

(49)　筆者の考えに合うものはどれですか。
　　1　幸不幸は財産、地位、職業などで決まるものである。
　　2　世のなかに幸福を見つける方法はない。
　　3　幸福は外的な条件によって得られるものである。
　　4　自分の気の持ち方ひとつで人は幸福にも不幸にもなる。

問題　6

次の文章を読んで問題に答えなさい。
答えは１・２・３・４の中から最も適当なものを１つ選びなさい。

　　　ちょうど、　1977年に当時の大スターで歌手の山口百恵が「秋桜」という歌を^{（＊1）}
リリースしました。タイトルがテレビの字幕に出ると、私は許せませんでした。辞書
に載っていない^{（＊2）}当て字を使っているためでした。大ヒットしたこの曲のために、
遠足ではバスガイドさんが「あきざくらって書いてコスモスと読む」と、花の説明に
使うほどでした。そのたびに私は「違う！」と心の中でさけんでいました。
　　　当時の私は、「辞書は何らかの絶対的な見識を持った博士たちが不動の基準を持っ
て採用・不採用を決めている。その基準は、自分はまだ知らないけれども、侵すべか
らざるものなのだ」と思いこんでいたのです。私は自分で作り上げた内なる強固な規
範意識から、「秋桜」に対して不満と無力感でいっぱいでした。

（＊1）リリースしました…新しく発売しました
（＊2）当て字…漢字が持つ意味に合わせた変わった読み方

　　　　　　　　　　　（笹原宏之『漢字ハカセ、研究者になる』岩波書店より一部改）

(50)　筆者は「秋桜」という漢字表記をどう思っていましたか。
　　1　辞書に載っていない当て字を使っているので認めるべきではない。
　　2　バスガイドさんが遠足で話すぐらいなら問題ない。
　　3　季節感が感じられるとてもいい当て字である。
　　4　いつか見識を持った博士たちが辞書に載せるだろう。

問題　7

次の文章を読んで問題に答えなさい。
答えは１・２・３・４の中から最も適当なものを１つ選びなさい。

男性会社員ら１千人意識調査

　法改正で企業は４月から、社員が本人や配偶者の妊娠・出産を届け出た場合、^{（＊）}育休を取る意思があるかを確認する義務を負う。10月からは、子どもの誕生直後に最大４週間、父親が「男性産休」を柔軟に取れるしくみも始まる。

　調査では、育休取得の対象者になった場合の対応も尋ねたところ、34.7％が「取得する」と答えた。26.4％は「取得しない」と回答し、その理由（複数回答可）で最も多かったのは「収入を減らしたくない」（28.0％）で、「会社で制度が整備されていない」（26.5％）が続いた。

（＊）育休…育児休業

（「朝日新聞」2022年３月29日付より一部改）

---

(51)　文章の内容と合っているのはどれですか。
　　1　企業は本人や配偶者が出産する場合、育児休業を取らせる義務がある。
　　2　４月から法律で男性は最大４週間育児休業を取れると決まった。
　　3　４月から企業は対象者に育児休業を取るかどうか確認しなければならない。
　　4　育児休業の取得希望者は取得しないと回答した人を下回った。

―――― このページには問題<ruby>問題<rt>もんだい</rt></ruby>はありません。 ――――

問題　8

次のページの案内を読んで問題に答えなさい。
答えは１・２・３・４の中から最も適当なものを１つ選びなさい。

(52)　高野さんは在宅勤務が増えた現在の状況に合った営業スタイルを学びたいと
思っています。どのコースを選べばいいですか。
1　コースＡ
2　コースＢ
3　コースＣ
4　コースＤ

(53)　青木さんはこのセミナーを申し込みましたが、急な出張のため参加できなく
なりそうです。キャンセルする場合はどうすればいいですか。
1　10月31日17時までに電話でキャンセルを申し込む。
2　11月2日16時までにメールでキャンセルを申し込む。
3　11月2日16時までに電話でキャンセルを申し込む。
4　11月4日17時までにQRコードを読み取ってキャンセルを申し込む。

公開講座　営業研修

2022年秋　インゴット営業研修セミナー

「今のスキルで将来も大丈夫か」「リモートワーク時代に合った営業スタイルを学びたい」といったお悩みをお持ちの方から、初めて営業職に就くという方まで、様々な研修をご用意しています。この夏、スキルアップを目指したい方はぜひご参加ください！

コースＡ　　一般営業研修 営業の基本スタイルはやはり人と人との関係づくり。もちろん挨拶、名刺交換などのビジネスマナーも学べます。	**コースＢ　ソリューション営業研修** お客様が抱える問題にどのように自社の製品やサービスを組み合わせ、課題解決に導いていくか。その方法を学びます。
コースＣ　　リモート営業研修 WEB会議システムやメールなどを使って能率アップ。PCやスマホが苦手な方にも、操作方法をていねいに説明します。	**コースＤ　タイアップ営業研修** 異業種とのタイアップ（協力）によって新たなビジネスを開拓。発想を変え、時代を読むスキルを身につけます。

日時：2022年11月5日（土）　10：00〜18：00　（12：00〜13：00休憩）

場所：大手町ビジネスセンター　3階　全フロア

参加費：4万円

申し込み方法：

　　・WEBサイト（下記のURLにアクセス）

　　・QRコード（スマホで読み取れば申込フォームが表示）

　　＊電話では受け付けておりません。

締切：10月31日　17：00まで

キャンセル方法：11月2日16：00までにお電話でご連絡ください。その際、
　　　　　　　　申込時にお知らせする「参加ID」が必要です。

株式会社インゴット

〒141-XXXX　東京都品川区〇〇4-3-X

Tel：03-44XX-44XX

https://www.ingots.co.jp/kenshu-XXX.html

問題　9

次の文章を読んで問題に答えなさい。
答えは１・２・３・４の中から最も適当なものを１つ選びなさい。

　自動車に関する最新技術を集めた「人とくるまのテクノロジー展２０２２横浜」（パシフィコ横浜で５月 25〜27 日開催）で、(＊)豊田合成は内装コンセプト「サステナブルマテリアルカー」を披露している。脱炭素・循環型社会に役立てようと、ゴム・樹脂のリサイクル材や植物由来のバイオ材を活用し、自分の好みで室内空間をアレンジできる。環境への意識が高く、「自分らしさ」を重視するのが特徴とされる若者たち「Ｚ世代」にアピールしたい考えだ。

　シートには、丈夫で汚れにくく、撥水性の高いエアバッグ生地の端材を使用。フロアマットには、クルマの窓枠のゴム製品の廃材を活用し、しなやかな素材感で疲労を軽減してくれる。

　助手席の前方に取り付けられたバッグフックには、植物由来のバイオ材と、同社の工場がある愛知県稲沢市の特産物・銀杏の殻を使用。地域から出た廃棄物も有効に活用する。

　ターゲットは、1990 年後半から 2000 年代に生まれたＺ世代だ。

　この世代はＳＮＳで世界中とつながることに積極的で、環境へ配慮した製品を好むとされる。同社は「個人を尊重し、自分らしさを大事にする」と分析する。

　新型コロナウイルスの感染拡大で、電車よりも安心して移動できるクルマの価値を見直す動きもある。感染防止のためクルマで移動することが増えれば、地域の魅力を発見するきっかけにもなり、同社は「地域愛が増し、地域に貢献したくなる」とみている。

（＊）豊田合成…自動車部品メーカー

（「産経ニュース」2022 年５月 26 日配信より一部改）

---

(54)　「サステナブルマテリアルカー」の特徴は何ですか。

1　若者たちが手ごろに入手できる価格で販売している点

2　環境に配慮した材料を使い、客の好みにアレンジできる点

3　豊田合成が持つ電動化・自動運転化の最新技術を集めた点

4　自動車の室内空間を若者たち向けのデザインにした点

(55)　豊田合成について、文章の内容と合っているのはどれですか。

1　自分らしさを求め、環境への意識も高いZ世代に向けて車の内装コンセプトを発表した。

2　工場から出た廃材を工場がある地域でリサイクルする取り組みを支援している。

3　新型コロナウイルスの感染拡大によって、車の内装部品のコストが上昇し、経営が圧迫されている。

4　自家用車を利用することによって、若者たちが地域に縛られずに活動できるようになると考えている。

問題　１０

次の文章を読んで問題に答えなさい。
答えは１・２・３・４の中から最も適当なものを１つ選びなさい。

　それほど昔のことではありませんが、かつて世間では、食べ物の話題はもっぱら栄養とカロリーがどれだけ高いのか、ということに重点が置かれていました。食べ物の見かけや味、店の雰囲気などは、マスメディアで取り上げられることはあまりありませんでした。その当時は、子供の成長や大人の健康維持にとって、最も良い効果を得るにはどうすればよいか、といったことが、一般の人々の関心を引く話題だったのです。

　その後、「(＊１)飽食の時代」と呼ばれる時代がやって来て、社会の事情は一変しました。痩せるためには何を食べたらよいか。こんな話題が、世間から何の抵抗もなしに、テレビや雑誌などで繰り返し取り上げられるようになりました。さらには、何処に行けば美味しい物が食べられるのか、といったことが一つの流行のようになり、人々は自分の舌で感じる味覚よりは宣伝や流行を信じて、食べ物を求めるようになる傾向を強めたと言えます。

　また、食べ物の娯楽的な意味合いがますます強くなってきたことも大きな特徴です。タレントやスターを前にして食事を楽しむディナーショー、さらには、人前で何をどのくらいの量まで食べて見せられるかを競う大食い競争といったところまで、食べ物の話題は行きついてきたのです。それをますます(＊２)煽ってきたのは、主にテレビ番組や雑誌記事などのマスメディアでした。

（＊１）飽食の時代…食べ物が十分あって不自由しない時代
（＊２）煽ってきた…すすめてきた

（西江雅之『「食」の課外授業』平凡社より一部改）

---

(56) かつて「一般の人々の関心を引く話題だった」のはどんなことですか。

1 雰囲気のいいレストランはどこにあるのかということ

2 味のよい食べ物はどうやって作ればいいのかということ

3 見た目のよい食べ物はどうやって盛りつけるのかということ

4 何を食べれば効果的に栄養やカロリーが摂取できるかということ

(57) 「飽食の時代」になって、どのような変化が起きましたか。

1 レストランでおいしいものを食べる機会が増え、人々の舌が肥えてきた。

2 他人の評価をもとに美味しさを求め、食べ物を娯楽として楽しむようになった。

3 ディナーショーを開く人が増え、チケットが高額で売られるようになった。

4 食べ物を粗末にしているとして、テレビの大食い番組への批判が高まった。

問題　11

次の文章を読んで問題に答えなさい。
答えは１・２・３・４の中から最も適当なものを１つ選びなさい。

　昔のこどもは、よほど豊かなうちでないと勉強部屋などもっていなかった。雑居している。みんなの話し声のうるさいところで勉強をしなくてはならない。その話というのが、くだらぬことばかりで、学校で学んでいることとはあまりにも大きくかけ離れている。

　この落差に悩まないこどもには勉強の(＊1)開眼はなかった。

　ある小学生は勉強道具をもって(＊2)土蔵の中へもぐり込んだ。また、あるこどもは土蔵がないから、しかたがなくて物置きで本を読んだ。自分のまわりの環境を否定している。現実の中に埋没してしまってはたいへんである。何とかしてここから脱出しなくてはならない。離脱しなくては勉強でわれを忘れることは困難である。逆にまた、まわりから抜け出すには勉強がもっとも有望な方法であることをこども心に感じている。

　生活の環境が(＊3)低俗である。その中へ巻き込まれてしまわないためには、周囲と自分を隔絶する必要がある。いまのこどものようにこども部屋があるのなら悩まなくていいが、そんなぜいたくのできない時代、家庭では、どうしても目に見えない、自分だけの空間を(＊4)こしらえなくてはならない——そういうことをかつての意欲のある青少年は直観で悟った。

　それで自分とまわりとの間に目に見えないカーテンを引く。（　A　）、現実から脱出できる。それが読書のカーテンである。そして本は未知の世界への入口である。本の力によって日常をすて、高められて行く。

（＊1）開眼はなかった…本質を悟ることはなかった
（＊2）土蔵…日本の伝統的な蔵
（＊3）低俗である…下品で程度が低い
（＊4）こしらえなくては…作り上げなくては

（外山滋比古『「読み」の整理学』筑摩書房より一部改）

(58)　「この落差」とはどんな落差ですか。
　　　1　物置きと勉強部屋の落差
　　　2　学校で学ぶ内容と自分の周囲の落差
　　　3　自分の家とほかのこどもの家の経済状態の落差
　　　4　勉強ができる子どもとそうでない子どもの落差

(59)　（　A　）に入る言葉はどれですか。
　　　1　そうすれば
　　　2　やはり
　　　3　一方で
　　　4　もしくは

(60)　昔のこどもについて、文章の内容と合っているのはどれですか。
　　　1　こども部屋で勉強をすることが多かった。
　　　2　日常の生活から抜け出す手段として勉強をしていた。
　　　3　勉強道具をカーテンの陰に置いていた。
　　　4　家族に勉強を強制されることがほとんどなかった。

3 漢字問題

A 次のひらがなの漢字をそれぞれ1・2・3・4の中から1つ選びなさい。

(61) 自然の中ですごすのが好きだ。
1 干す 　　　2 残す 　　　3 倒す 　　　4 過ごす

(62) 近所でじけんが起きたらしい。
1 事件 　　　2 事情 　　　3 実際 　　　4 実験

(63) 風邪にはこの薬がよくきく。
1 届く 　　　2 咲く 　　　3 効く 　　　4 乾く

(64) 母にかびんをプレゼントした。
1 花束 　　　2 缶詰 　　　3 瓶詰 　　　4 花瓶

(65) 買ったばかりの服をよごした。
1 汚した 　　　2 略した 　　　3 均した 　　　4 則した

(66) 私は渡辺部長をそんけいしている。
1 尊敬 　　　2 紹介 　　　3 訓練 　　　4 競技

(67) 部長が難しそうなあつい本を読んでいる。
1 憎い 　　　2 丸い 　　　3 厚い 　　　4 弱い

(68) 肩にむしがついているよ。
1 汗 　　　2 虫 　　　3 血 　　　4 糸

(69) 今年の新入社員はれいぎを知らない。
1 礼儀 　　　2 行儀 　　　3 錬磨 　　　4 礼拝

(70) この地域はエネルギー資源にとぼしい。
1 乏しい 　　　2 虚しい 　　　3 烈しい 　　　4 著しい

(71) 今年はゆうぼうな社員がそろっている。
　　1　有能な　　　　2　裕福な　　　　3　有益な　　　　4　有望な

(72) 魚をあみに載せて焼いた。
　　1　縁　　　　　　2　絹　　　　　　3　網　　　　　　4　縄

(73) 賃金の引き上げをようせいする。
　　1　養成　　　　　2　養護　　　　　3　要請　　　　　4　要旨

(74) 彼の意見に異をとなえた。
　　1　絶えた　　　　2　耐えた　　　　3　唱えた　　　　4　応えた

(75) 仕事にはだきょうしなくてはならない場合もある。
　　1　頑強　　　　　2　妥協　　　　　3　提供　　　　　4　打診

B　次の漢字の読み方を例のようにひらがなで書いてください。

・ひらがなは、<u>正しく、ていねいに</u>書いてください。
・<u>漢字の読み方だけ</u>書いてください。

（例）　はやく<u>書</u>いてください。　　　　「（例）　　　　　　　　か
　　　　　　　　　　　　　　　　　　　　　」

(76)　<u>浅</u>い川で<u>泳</u>いだ。

(77)　書類の内容に<u>疑問</u>がある。

(78)　子供の<u>命</u>が危ない。

(79)　食品を<u>冷凍</u>する。

(80)　水が<u>蒸発</u>した。

(81)　部長の話を聞いて<u>混乱</u>してしまった。

(82)　私は<u>濃</u>いコーヒーが好きだ。

(83)　少しでもいい<u>印象</u>を<u>与</u>えたい。

(84)　<u>待遇</u>のいい会社に人は集まる。

(85)　<u>傘</u>を持って来るのを忘れた。

(86)　<u>一概</u>に彼の話が正しいとは言えない。

(87)　適切な<u>措置</u>が取られていなかった。

(88)　この地域はめざましい<u>発展</u>を<u>遂</u>げるだろう。

(89)　<u>誰</u>かが息を<u>潜</u>めて<u>隠</u>れている。

(90)　今朝のニュースに<u>衝撃</u>を受けた。

4 記述問題

A 例のように_____に適当な言葉を入れて文を作ってください。

> ・文字は、**正しく、ていねいに書いてください。**
>
> ・漢字で書くときは、**今の日本の漢字を正しく、ていねいに書いてください。**
>
> （例）　きのう、_____でパンを_____。
>
> ＿＿＿＿＿＿＿＿＿＿＿＿＿＿＿＿＿＿＿＿＿（A）＿＿＿＿＿＿＿＿＿＿＿＿＿＿＿＿＿＿＿＿＿＿（B）
>
> | （例） | （A） | スーパー | （B） | 買いました |
> |---|---|---|---|---|

(91)　A：_____の中で冷やしておいた私のジュース知りませんか。
　　　　　　　（A）

　　　B：のどがかわいていたので、私が_____しまいました。ごめんなさい。
　　　　　　　　　　　　　　　　　　　　　　　　　（B）

(92)　A：明日は、待ちに_____初めての給料日だね。
　　　　　　　　　　　　　　（A）

　　　　　仕事が_____ら、飲みに行かない？
　　　　　　　　　　（B）

　　　B：うん、いいね。

(93)　野田：書類が会議室に_____っぱなしになってたよ。
　　　　　　　　　　　　　　　（A）

　　　宮本：本当？　どうりでこの辺を探しても_____わけね。
　　　　　　　　　　　　　　　　　　　　　　　　　　（B）

(94)　大学の友達とは、大学を_____以来、連絡を_____いない。
　　　　　　　　　　　　　　　　　（A）　　　　　　　　　　　　　　　　（B）

(95)　メールを送っておけば_____かれ_____かれ返事をくれるだろう。
　　　　　　　　　　　　　　　　　（A）　　　　　　　　　（B）

B　例のように３つの言葉を全部使って、会話や文章に合う文を作ってください。

・【　　】の中の文だけ書いてください。
・１. → ２. → ３. の順に言葉を使ってください。
・言葉の＿＿＿の部分は、形を変えてもいいです。
・文字は、正しく、ていねいに書いてください。
・漢字で書くときは、今の日本の漢字を正しく、ていねいに書いてください。

（例）
きのう、【　１. どこ　　→　２. パン　　→　３. 買う　】か。

（例）	どこでパンを買いました

(96)
カラオケで歌を【　１. 歌う　→　２. すぎる　→　３. のど　】
痛くなりました。

(97)
この料理を【　１. 一人　→　２. 食べる　→　３. きる　】のは無理だろ
う。

(98)
新入社員の村井さんは【　１. 仕事　→　２. できる　→　３. 上に　】、
やる気も感じられない。

(99)　（電話で）
私には【　１. わかる　→　２. かねる　→　３. 担当　】者に
おつなぎいたします。

(100)
A：世界一周旅行をしたいなあ。
B：私も【　１. 行く　→　２. ものなら　→　３. 行く　】たいよ。

J.TEST

実用日本語検定

聴 解 試 験

1 写真問題 （問題1〜10）

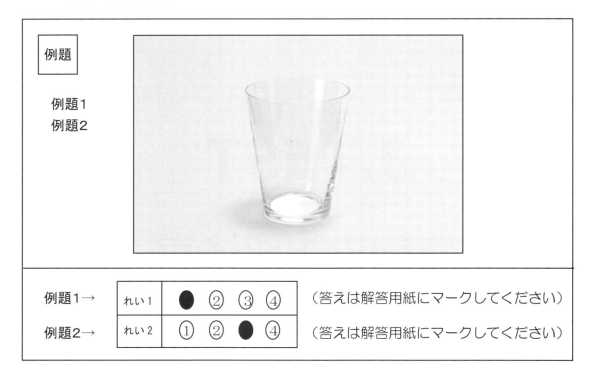

例題

例題1
例題2

例題1→	れい1	●	②	③	④	（答えは解答用紙にマークしてください）
例題2→	れい2	①	②	●	④	（答えは解答用紙にマークしてください）

A 問題1
　　問題2

B 問題3
　　問題4

C 問題5
　　問題6

D 問題7
  問題8

E 問題9

F　　問題10

2 聴読解問題 （問題11〜20）

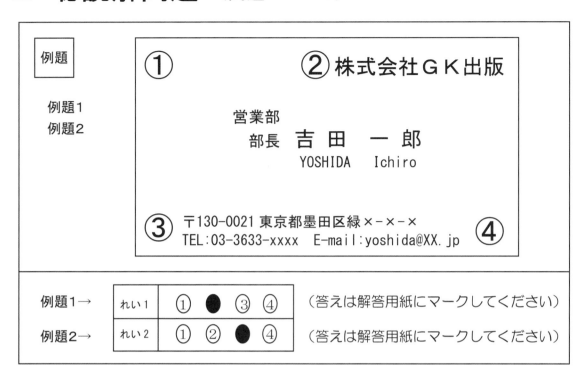

	例題	①	② 株式会社ＧＫ出版
	例題1	営業部	
	例題2	部長 吉田 一郎 YOSHIDA Ichiro	
		③ 〒130-0021 東京都墨田区緑×-×-× TEL:03-3633-xxxx E-mail:yoshida@XX.jp	④

例題1→	れい1	① ● ③ ④	（答えは解答用紙にマークしてください）
例題2→	れい2	① ② ● ④	（答えは解答用紙にマークしてください）

G　問題11
　　問題12

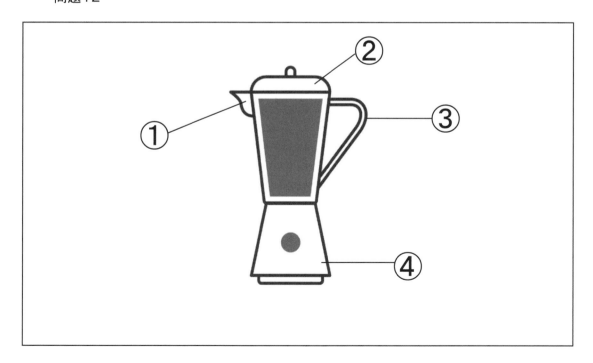

H　問題13
　　問題14

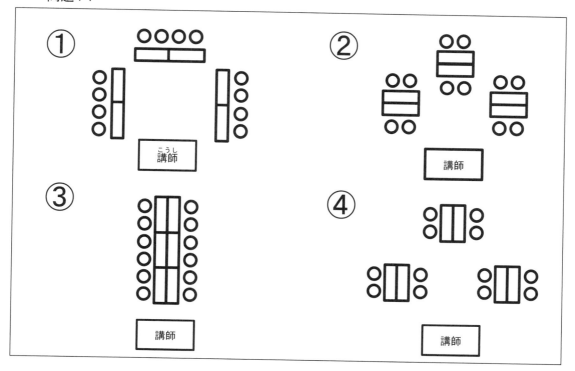

I　問題15
　　問題16

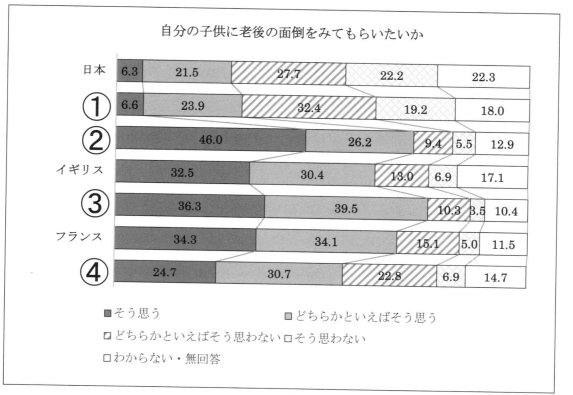

自分の子供に老後の面倒をみてもらいたいか

	そう思う	どちらかといえばそう思う	どちらかといえばそう思わない	そう思わない	わからない・無回答
日本	6.3	21.5	27.7	22.2	22.3
①	6.6	23.9	32.4	19.2	18.0
②	46.0	26.2	9.4	5.5	12.9
イギリス	32.5	30.4	13.0	6.9	17.1
③	36.3	39.5	10.3	3.5	10.4
フランス	34.3	34.1	15.1	5.0	11.5
④	24.7	30.7	22.8	6.9	14.7

■そう思う　　　　　　　　　□どちらかといえばそう思う
□どちらかといえばそう思わない□そう思わない
□わからない・無回答

J　問題17　　　　　　　　　　　問題18

① 利用料金の安さ	① 経費削減
② 契約期間の長さ	② 顧客拡大
③ 商品の種類の多さ	③ 知名度向上
④ 品質のよさ	④ 人材確保

K　問題19
　　問題20

	金額（円）	前年同月増減率 実質（％）
消費支出	287,687	−0.5
①	82,066	−0.5
住居	17,495	−7.5
②	23,879	0.5
家具・家事用品	12,685	−2.3
被服及び履物	9,960	12.0
保健医療	13,859	−1.2
③	40,384	−2.3
④	10,447	−10.2
教養娯楽	28,155	9.2
その他	48,757	−2.0

3 応答問題 (問題21〜40)

(問題だけ聞いて答えてください)

| 例題1 | → | れい1 | ● | ② | ③ | （答えは解答用紙にマークしてください） |
| 例題2 | → | れい2 | ① | ● | ③ | （答えは解答用紙にマークしてください） |

問題21
問題22
問題23
問題24
問題25
問題26
問題27
問題28
問題29
問題30
問題31
問題32
問題33
問題34
問題35
問題36
問題37
問題38
問題39
問題40

メモ（MEMO）

4 会話・説明問題 (問題41〜55)

例題	1　資料のコピー
	2　資料のチェック
	3　資料の作成

| れい | ① ● ③ | （答えは解答用紙にマークしてください） |

1

問題41　1　学校
　　　　2　病院
　　　　3　警察^{けいさつ}

問題42　1　手
　　　　2　顔
　　　　3　足

2

問題43　1　携帯電話^{けいたい}が故障^{こしょう}したから
　　　　2　携帯電話を変えたいから
　　　　3　契約^{けいやく}プランを見直したいから

問題44　1　インターネットで来店予約をする。
　　　　2　携帯電話の店に電話する。
　　　　3　携帯電話の店に行く。

3

問題45　1　各^{かく}商品の金額^{きんがく}
　　　　2　請求額の合計
　　　　3　商品数の合計

問題46　1　請求書の間違いに気づいてくれたこと
　　　　2　請求書を作成してくれたこと
　　　　3　客に請求書を送ってくれること

4

問題47　1　工事の音がうるさい。
　　　　2　工事のお知らせがなかった。
　　　　3　ガス管が壊(こわ)れている。

問題48　1　上司(じょうし)に電話を代わってもらう。
　　　　2　電話の相手に工事の意義を説明する。
　　　　3　電話の相手と話して事実を確認する。

5

問題49　1　歴史
　　　　2　人気の理由
　　　　3　これからの展望

問題50　1　幅広い客層で賑(にぎ)わっている。
　　　　2　経営者の高齢化が進んでいる。
　　　　3　来月、14店舗(てんぽ)が開店する。

6

問題51　1　グループ同士(どうし)が対立すること
　　　　2　一人ひとりの責任感が弱まること
　　　　3　会社全体の利益が意識できなくなること

問題52　1　個人の目標(もくひょう)達成
　　　　2　社員の全員参加
　　　　3　リーダーの育成

7

問題53　1　あごの大きな肉食の恐竜
　　　　2　2006年に化石が発見された首の長い恐竜
　　　　3　全長40メートルの大型恐竜

問題54　1　あごの全体だと思った。
　　　　2　歯だと思った。
　　　　3　板だと思った。

問題55　1　首の長さで草食か肉食かがわかる。
　　　　2　歯の数で強さがわかる。
　　　　3　あごの化石から食生活がわかる。

終わり

■　読解・記述問題　500点

《 文法語彙問題 》 各5点(200点)				《 読解問題 》 各6点(120点)		《 漢字問題A 》 各4点(60点)	
1) 2	11) 2	21) 2	31) 4	41) 2	51) 2	61) 2	71) 4
2) 1	12) 4	22) 3	32) 4	42) 3	52) 1	62) 1	72) 4
3) 2	13) 1	23) 3	33) 4	43) 3	53) 4	63) 3	73) 2
4) 1	14) 2	24) 4	34) 2	44) 1	54) 2	64) 1	74) 1
5) 3	15) 3	25) 2	35) 3	45) 2	55) 1	65) 3	75) 4
6) 1	16) 1	26) 1	36) 3	46) 1	56) 1	66) 3	
7) 2	17) 1	27) 1	37) 2	47) 1	57) 4	67) 3	
8) 4	18) 1	28) 4	38) 3	48) 4	58) 4	68) 1	
9) 3	19) 3	29) 2	39) 1	49) 3	59) 2	69) 2	
10) 1	20) 4	30) 2	40) 1	50) 1	60) 4	70) 2	

《 漢字問題B 》 各4点(60点)　　*漢字問題A＋B＝計120点

76) おさな	80) かたむ	84) とうげ	88) りょう
77) うしな	81) げき	85) けんきょ	89) かんわ
78) つい	82) ちょぞう	86) けいい	90) おもむき
79) しゅうへん	83) がた	87) お	

解答例　　《 記述問題A 》 各6点(30点)　　*（A）と（B）が両方正解で6点。部分点はありません。

91)（A）降り	（B）やみ
92)（A）あれ	（B）読んで
93)（A）行く	（B）減って
94)（A）おいしかった	（B）来た
95)（A）していない	（B）えない

解答例　　《 記述問題B 》 各6点(30点)　　*部分点はありません。　　*記述問題A＋B＝計60点

96)　電気はつけておいて
97)　年代を調べたところ
98)　手伝ってくれたおかげで
99)　すべて使いきって
100)　客が到着するのを待つ

■　聴解問題　500点

《写真問題》 各5点(50点)	《聴読解問題》 各10点(100点)	《 応答問題 》 各10点(200点)		《 会話・説明問題 》 各10点(150点)	
1) 3	11) 3	21) 2	31) 1	41) 1	51) 3
2) 1	12) 4	22) 1	32) 2	42) 3	52) 2
3) 4	13) 1	23) 1	33) 3	43) 1	53) 3
4) 3	14) 3	24) 1	34) 2	44) 2	54) 1
5) 1	15) 2	25) 2	35) 3	45) 1	55) 1
6) 3	16) 1	26) 2	36) 3	46) 2	
7) 4	17) 2	27) 3	37) 2	47) 3	
8) 2	18) 3	28) 3	38) 3	48) 2	
9) 1	19) 1	29) 2	39) 3	49) 1	
10) 4	20) 4	30) 2	40) 1	50) 3	

第1回 A-Cレベル　聴解スクリプト

[写真問題]

例題の写真を見てください。
例題1　これは何ですか。
1　コップです。
2　いすです。
3　ノートです。
4　カメラです。

例題2　これで何をしますか。
1　すわります。
2　字を書きます。
3　水を飲みます。
4　写真をとります。

最も良いものは、例題1は1、例題2は3です。ですから、例題1は1、例題2は3を例のようにマークします。

Aの写真を見てください。
問題1　女性が手に持っているのは何ですか。
1　ベルトです。
2　エプロンです。
3　マイクです。
4　マフラーです。

問題2　何をしていますか。
1　インタビューです。
2　体操です。
3　拍手です。
4　ドライブです。

Bの写真を見てください。
問題3　これで何をしますか。
1　両替です。
2　計算です。
3　発明です。
4　演奏です。

問題4　正しい説明はどれですか。
1　床が散らかっています。
2　窓が開放されています。
3　日当たりがいいです。
4　混雑しています。

Cの写真を見てください。
問題5　女性について正しい説明はどれですか。
1　笑顔です。
2　まぶしそうです。
3　がっかりしています。
4　不機嫌です。

問題6　動物について正しい説明はどれですか。
1　餌をくわえています。
2　角があります。
3　舌を出しています。
4　うろうろしています。

Dの写真を見てください。
問題7　これで何をしますか。
1　取り締まりを強化します。
2　ドアを破壊します。
3　家出をします。
4　戸締りをします。

問題8　正しい説明はどれですか。
1　ペンキが剥げています。
2　キーホルダーがついています。
3　泥まみれです。
4　しなびています。

Eの写真を見てください。
問題9　相手に自分の名前を伝えます。こんな時、何と言いますか。
1　わたくし、鈴木と申します。
2　わたくし、鈴木とおっしゃいます。
3　わたしは、鈴木に申し上げます。
4　わたしは、鈴木さんだと思います。

Fの写真を見てください。
問題10　会社を辞めることを他の社員に伝えます。こんな時、何と言いますか。
1　私事で恐縮ですが、休暇を取得いたします。
2　この度はお悔やみ申し上げます。
3　諸般の事情により退職していただきました。
4　一身上の都合により退職することになりました。

例題を見てください。男性と女性が、会社のロゴの位置について話しています。

例題1　男性はどの位置がいいと言っていますか。
例題2　女性はどの位置がいいと言っていますか。

ーーーーーーーーーーーーーーーーーーーー

男：名刺のデザインを変えるんだけど、会社のロゴの位置はどこがいいと思う？
女：住所の前がいいんじゃない？
男：うーん、でも、それじゃあ目立たないよ。会社名の前に大きく入れたら、どう？
女：えー、ロゴは控えめに、住所の前にあるほうがいいわよ。

ーーーーーーーーーーーーーーーーーーーー

例題1　男性はどの位置がいいと言っていますか。
例題2　女性はどの位置がいいと言っていますか。

最も良いものは、例題1は2、例題2は3です。ですから、例題1は2、例題2は3を例のようにマークします。

Gを見てください。
会社で男性と女性が話しています。

問題11　女性はいつ郵便局に行きますか。
問題12　男性はこのあとまず、何をしますか。

ーーーーーーーーーーーーーーーーーーーー

男：山田さん、郵便局で出してほしい荷物があるんだけど、頼んでいいかな。
女：うん。これから外出するから、持って行くよ。
男：あ、いや、今から準備するんだ。少し時間がかかるから、明日、お願いできる？
女：わかった。明日は11時に外出の予定だからその時に寄るね。
男：助かるよ。今週は本当に忙しくて。
女：会議で大事な発表があるからだよね。頑張って。
男：うん、ありがとう。

ーーーーーーーーーーーーーーーーーーーー

問題11　女性はいつ郵便局に行きますか。
問題12　男性はこのあとまず、何をしますか。

Hを見てください。
女性と男性が研修会場の椅子の並べ方について話して
います。

問題１３　男性はどのように並べていましたか。
問題１４　男性はこのあと、どのように並べますか。
ーーーーーーーーーーーーーーーーーーーーーー
女：渡辺君、研修会場の椅子の配置どうなってる？
男：出席者は30名なので、縦には６名、横には５名
　　が座るように並べておきました。
女：うーん、それだと、後ろのほうの人は前が見え
　　にくいよね。前から３人ぐらいまでがいいわよ。
男：でも、そうすると、横に広がりすぎて、両脇の
　　人が見づらいかと…。
女：うん、だから横にまっすぐ並べるんじゃなくて、
　　画面を真ん中にして半円を描くように…。
男：ああ、わかりました。
女：で、縦の列も前後の人が重ならないように交互
　　にすると、後ろの人も見えるでしょ。
ーーーーーーーーーーーーーーーーーーーーーー
問題１３　男性はどのように並べていましたか。
問題１４　男性はこのあと、どのように並べますか。

Ｉを見てください。
女性が季節の贈り物について話しています。

問題１５　女性がもらって嬉しいと言っているのはど
　　　　　れですか。
問題１６　女性が今後送るのはどれですか。
ーーーーーーーーーーーーーーーーーーーーーー
女：お中元、お歳暮といった季節の贈り物って、悩
　　みますよね。定番はハムやソーセージの詰め合
　　わせや、油などですね。私はビールが大好きな
　　ので、おつまみになるハムやソーセージをもら
　　うと嬉しいです。逆に、料理をほとんどしない
　　ので油などは使いきれず、送ってくれた方に申
　　し訳なく思います。ですから私が送る場合には、
　　相手の好みを聞いてから選ぶようにしています。
　　でも最近、友人にカタログギフトが便利だと薦
　　められました。カタログを受け取った方はその
　　中にある商品から、好きなものを選んで注文す
　　ることができるので、合理的ですね。これから
　　はこれにしようと思います。
ーーーーーーーーーーーーーーーーーーーーーー
問題１５　女性がもらって嬉しいと言っているのはど
　　　　　れですか。
問題１６　女性が今後送るのはどれですか。

Jを見てください。
男性が若者の余暇の過ごし方について話しています。

問題１７　これから割合が増えそうな項目はどれで
　　　　　すか。
問題１８　毎年変化がほとんどみられない項目はど
　　　　　れですか。
——————————————————
男：県内の若者を対象に、余暇の過ごし方につい
　　て調査を行いました。この調査は毎年行って
　　いるもので、今年で10年目を迎えます。今年、
　　全体の半数近くを占めたのが「運動」でした。
　　スポーツ施設が充実していること、またオリ
　　ンピックの影響もあるでしょう。逆に少数派
　　だったのは「一人で過ごす」です。全体で２
　　番目に多かったのは音楽や美術などの「芸術
　　活動」でした。現在、オーケストラが舞台の
　　漫画がブームとなっていますから、この分野
　　は今後、人気が高まっていくでしょう。最後
　　に「語学の勉強」ですが、この項目は、過去
　　10年間割合が一定であるという特徴がありま
　　す。海外志向の若者が増えれば、変化がある
　　かもしれませんね。
——————————————————
問題１７　これから割合が増えそうな項目はどれで
　　　　　すか。
問題１８　毎年変化がほとんどみられない項目はど
　　　　　れですか。

Kを見てください。
会社で女性と男性が車に関するアンケート結果につ
いて話しています。

問題１９　20代のアンケート結果はどれですか。
問題２０　60代のアンケート結果はどれですか。
——————————————————
女：これは、車を購入する際、重視した点について
　　20代と60代のユーザーに行ったアンケート結果
　　です。
男：なるほど、どちらも最重視されているのは、
　　「価格」ですが、それ以外は、異なっています
　　ね。次の新車発売のコンセプトを考える際に参
　　考にできそうです。
女：はい。若い世代は、「デザイン」で選ぶと思わ
　　れがちですが、実は、運転歴の短さから「価格」
　　の次に「安全性」を重視し、「デザイン」はそ
　　の次です。
男：そうですね。一方で、「乗り心地」や「燃費」
　　はさほど気にしないようですね。
女：はい、そうなんです。それにひきかえ、年配の
　　方は、「デザイン」、「乗り心地」、次に「燃
　　費」を重視されています。
男：そうですね。運転歴が長く運転に自信があるた
　　めか、「安全性」の順位は最も低いですね。こ
　　の年代の人がデザインにさほど注目しないと考
　　えるのは我々の誤解のようです。
——————————————————
問題１９　20代のアンケート結果はどれですか。
問題２０　60代のアンケート結果はどれですか。

例題1　おはようございます。
1　おはようございます。
2　おやすみなさい。
3　さようなら。

例題2　お仕事は？
　　　　－会社員です。
1　私も会社員じゃありません。
2　私も会社員です。
3　私も医者です。

最も良いものは、例題1は1、例題2は2です。ですから、例題1は1、例題2は2を例のようにマークします。

問題21　お母さん、熱、下がったよ。
1　薬を溶かしたんだね。
2　薬が効いたんだね。
3　薬を保存したんだね。

問題22　明日の発表、うまくいくかな。
1　心配することはないよ。
2　心配するとは限らないよ。
3　心配したせいだよ。

問題23　先月より売り上げ増えましたか。
1　いいえ、マイナスです。
2　いいえ、エンジンです。
3　いいえ、ブラウスです。

問題24　この店は一年中開いております。
1　へえ、便利ですね。
2　何日まで開いていますか。
3　休みが多いですね。

問題25　早くしないと電車に乗れないよ。
1　こっそり行けば大丈夫だよ。
2　急いだってどうせ間に合わないよ。
3　じっとしていたほうがいいね。

問題26　資料の図、ちょっと小さいですね。
1　そうですね。縮小します。
2　そうですね。拡大します。
3　そうですね。宣伝します。

問題27　松本さん、休みの日に会社に来ちゃったそうです。
1　へえ、しつこいですね。
2　それはずるいですよ。
3　ほんと、そそっかしいですね。

問題28　シーツ、替えたの？
1　うん。似合ってる？
2　うん。もう壊れてたから。
3　うん。気持ちよく寝られるよ。

問題29　田中さんの部下、ミスが多いんですって
1　だから田中さん、そわそわしているんだ。
2　だから田中さん、いつもいらいらしているんだ
3　だから田中さん、にやにやしているんだ。

問題30　あの件については、どうなってる？
1　だんだんと暖かくなりつつあります。
2　わかり次第、報告いたします。
3　あの人のようになりたいものです。

問題31　今日の飲み会、来ないの？
　　　　－うーん、行けるものなら行きたいけど。
1　ああ、忙しそうだもんね。
2　よかった。一緒に行こう。
3　あ、飲み会、嫌いだったね。

問題32　写真に一緒に写っている人は誰？
　　　　－兄です。
1　へえ、慎重だね。
2　へえ、そっくりだね。
3　へえ、のん気だね。

問題33　険しい顔して、どうしたんですか。
　　　　－うん、ちょっと厄介なことがあってね。
1　それは勇ましいですね。
2　独り言を言わないでくださいよ。
3　苦情でも受けたんですか。

問題34　今度のイベント、思ったよりも経費がかかりそうなんです。
1　何時間ぐらいになりそうですか。
2　できるだけ抑えてほしいんですが。
3　それはよかった。得しましたね。

問題35　目が腫れていますよ。どうしたんですか。
1　今日、デートなんです。
2　早く顔を洗わないと。
3　昨日、映画見て泣いちゃって。

問題36　藤田さんって時間にルーズですよね。
1　ええ、何をするにも時間きっかりです。
2　ええ、早く帰りたいんでしょうね。
3　ええ、よく遅刻してますよね。

問題37　お父さん、入院してるんだって？
1　うん、家にうじゃうじゃいるよ。
2　うん、でもぴんぴんしてるよ。
3　まだぬるぬるするんだ。

問題38　うちの後輩、パソコンはおろかまともに
　　　　　　　　　　　　　　　挨拶もできないんだよ。
1　パソコンはできるんだね。
2　挨拶ができるだけましだよ。
3　それは本当に困るね。

問題39　この業界はやがて淘汰されるでしょう。
1　ええ、来年は輸出額が増えそうです。
2　ええ、最近、学生に人気が出てきています。
3　ええ、もって数年でしょうね。

問題40　これはまさに「万事休す」って感じだね。
1　そうね。もうどうにもならないわね。
2　ええ、これからが楽しみだわ。
3　急がなきゃいけないってこと？

「＊」の部分は録音されていません。

例題
ーーーーーーーーーーーーーーーーーーーーー
男：佐藤さん、明日の会議の資料はできましたか。
女：はい、できました。こちらです。
男：じゃ、10部コピーしておいてください。
女：あのう、コピーする前に内容をチェックしてい
　　ただけないでしょうか。
男：ええ、いいですよ。
女：お願いします。
ーーーーーーーーーーーーーーーーーーーーー

女性は男性に何をお願いしましたか。
＊1　資料のコピー
＊2　資料のチェック
＊3　資料の作成

最も良いものは2です。ですから、例のように2を
マークします。

1 会社で男性と女性が取引先の企業を訪問する時間について話しています。この会話を聞いてください。

――――――――――――――――――――

男：佐藤さん、今日4時からの三上商事との打ち合わせ、初めて一人で行くんだよね。

女：はい。遅刻しないように15分前には着くように出ます。

男：いや、5分前で十分だよ。お客さんは約束の時間まで予定を入れていたり、打ち合わせの準備をしていたりするかもしれないでしょう。早く行きすぎるのもよくないんだよ。

女：あ、そうですね。わかりました。

――――――――――――――――――――

問題41　女性は今日、何時に着くように行くつもりでしたか。

＊1　3時45分
＊2　3時50分
＊3　3時55分

問題42　男性は女性にどんなアドバイスをしましたか。

＊1　打ち合わせの準備をしっかりすること
＊2　約束の時間をもう一度確認すること
＊3　相手の迷惑にならない時間に着くようにすること

2 イベント会場でアナウンスが流れています。この話を聞いてください。

――――――――――――――――――――

男：ご来場の皆さまにお知らせです。現在、中央広場での屋外コンサートは、雨のため一時中断しております。予報ではすぐに止むとのことですので、再開までもう少々お待ちください。また、本日午後4時から、ホールBにて元サッカー選手、山口和夫さんのトークショーを行います。当日券はホールB入口で12時より販売いたします。数に限りがありますのでお早めにお買い求めください。

――――――――――――――――――――

問題43　今、屋外イベントが行われていないのはなぜですか。

＊1　天気が悪いから
＊2　出演者の到着が遅れているから
＊3　チケットが売れなかったから

問題44　今チケットを持っていない人がトークショーを見たい場合、何時にどこへ行きますか。

＊1　12時に中央広場へ行く。
＊2　12時にホールBへ行く。
＊3　16時にホールBへ行く。

3　会社で男性と女性が新入社員について話しています。この会話を聞いてください。

――――――――――――――――――――

男：新入社員の山中さん、最近辛そうだよね。

女：毎日のように課長に怒られてるからね。

男：うん、それが原因だろうね。僕も最初は辛かったな。学生の頃と違って朝も早いし、残業も多いし。飲みにでも誘ってみようかな。

女：先輩と飲みに行くなんて、余計に疲れちゃうでしょう。早く帰りたいはずよ。

男：でも話は聞いてほしいかもよ。じゃ、ランチはどうかな。

女：仕事中に会議室に呼んで、ちょっと話を聞くだけでもいいんじゃない？

男：でも課長に見られたら何か言われそうだし、昼休みが一番自然でしょ。さっそく声掛けてみるよ。

――――――――――――――――――――

問題４５　二人は、山中さんが辛そうに見える理由は何だと思っていますか。

＊１　課長によく叱られているから

＊２　朝早く起きなければならないから

＊３　残業が多く、帰るのが遅いから

問題４６　男性はこのあと、どうしますか。

＊１　山中さんとお酒を飲みに行く。

＊２　山中さんを昼ご飯に誘う。

＊３　山中さんと会議室で話す。

4　会社で女性と男性が明日の予定について話しています。この会話を聞いてください。

――――――――――――――――――――

女：山本さん、ちょっといいですか。明日、コピー機を新しいのに替える予定なんだけど。

男：ええ、知ってます。業者の人は２時に来るんですよね。

女：それが、手違いで１１時になってしまって。午前中、私は打ち合わせが入っているから、代わりに立ち会ってもらえる？

男：わかりました。コピー用紙を保管しておく棚も置くことになったんですよね。

女：ええ、それは明日じゃないんだけど、コピー機を置く時、棚のスペースを確保しておいてほしいのよ。棚のサイズはカタログに書いてあったんだけど…。あれ、カタログがないわね。

男：あ、大丈夫です。ネットでも調べられるので。

女：助かるわ。宜しくね。

――――――――――――――――――――

問題４７　男性はこのあと何をしますか。

＊１　カタログを探す。

＊２　インターネットで棚を注文する。

＊３　インターネットで棚のサイズを調べる。

問題４８　男性が明日することは何ですか。

＊１　業者と一緒にコピー機を入れ替える。

＊２　業者が来た時に対応する。

＊３　業者から棚を受け取る。

5　小説家の女性の話を聞いてください。
ーーーーーーーーーーーーーーーーーーーーー
女：私が日本語で小説を書き始めたのは30年前です。
　　日本語の文字に興味を持ったことがきっかけです。
　　日本語は漢字、ひらがな、カタカナと３種類も文
　　字がある世界でもまれな言語です。私の母国語は
　　英語で、その文章はアルファベットのみなので、
　　３種類の文字を使い分ける日本語に奥深さを感じ
　　るのです。今、パソコンを使用して執筆される方
　　がほとんどですが、私は文字を書く喜びを味わい
　　たいので、今でも万年筆で原稿用紙に書いていま
　　す。
ーーーーーーーーーーーーーーーーーーーーー
問題４９　女性が日本語に惹かれるのはなぜですか。
＊１　文字が１種類ではないから
＊２　漢字に魅力を感じるから
＊３　日本の小説が好きだから

問題５０　女性はどのように小説を書いていますか。
＊１　英語で書いてから日本語に翻訳している。
＊２　パソコンを使用している。
＊３　原稿用紙に手書きしている。

6　電話で女性と男性がある取引について話してい
　　ます。この会話を聞いてください。
ーーーーーーーーーーーーーーーーーーーーー
女：いつもお世話になっております。先日お送りし
　　たお見積書の件でご連絡いたしました。内容は
　　ご確認いただけましたでしょうか。
男：ええ。前向きに購入を検討したいと思っており
　　ます。そこでご相談なのですが、単価を少し下
　　げていただくことは可能でしょうか。
女：ご購入をご検討いただき、ありがとうございま
　　す。こちらの製品はお取引先様からも品質や安
　　定供給に高い評価をいただいておりまして、品
　　質とサービス維持のためには、提示させていた
　　だいた額がギリギリでして…。
男：そうですか…。弊社といたしましては、年間１
　　万個程度の発注を見込んでおります。ご無理を
　　承知でお願いしますが、もう一度ご検討いただ
　　けないでしょうか。
女：そうしましたら、わたくしの一存では決めかね
　　ますので、一度上の者に相談させていただきま
　　す。
男：ありがとうございます。宜しくお願いいたしま
　　す。
ーーーーーーーーーーーーーーーーーーーーー
問題５１　男性は何の交渉をしていますか。
＊１　納期
＊２　生産量
＊３　価格

問題５２　女性はこのあとまず何をしますか。
＊１　男性に発注数を変更してもらう。
＊２　男性の要求について上司に相談する。
＊３　製品について男性に詳しく説明する。

7　ビジネスセミナーで男性がある取り組みをし
　た経験について話しています。この話を聞い
　てください。
ーーーーーーーーーーーーーーーーーーーー
男：私は以前勤めていた会社で、部下と２人だけ
　のミーティング、いわゆる「ワンオンワン」
　を実践した経験があります。１年間の試みで
　したが、結論から言えば、失敗でした。１人
　に対し週に１回、30分と決めてはいたものの、
　私が色々な案件を抱え忙しく、予定をキャン
　セルしたり、10分程度で終わらせてしまった
　りと部下の話をじっくり聞くことができな
　かったからです。時間に余裕がない上司に
　とっては、形式的に時間を決めて話すこと
　より、日頃から意見を言いやすいざっくばらん
　な関係を作ることのほうが部下とのコミュニ
　ケーションには効果的だと思いました。まず
　はそういった風通しの良い職場作りから始め
　てみるのがいいのではないでしょうか。
ーーーーーーーーーーーーーーーーーーーー
問題53　「ワンオンワン」の特徴は何ですか。
＊１　面談の時間が長いこと
＊２　実施回数が多いこと
＊３　参加人数が２人であること

問題54　男性は「ワンオンワン」を実践し、ど
　　　　う思いましたか。
＊１　効果的に実行することが難しかった。
＊２　多忙な時ほど有効な手段だった。
＊３　効果はあったが、部下に負担がかかってし
　　　まった。

問題55　男性の意見はどれですか。
＊１　話しやすい職場の雰囲気作りが大切だ。
＊２　ミーティングの参加人数を増やすべきだ。
＊３　部下に気軽に話し掛けないほうがいい。

これで聴解試験を終わります。

第2回　J.TEST実用日本語検定（A-Cレベル）
正解とスクリプト

■　読解・記述問題　500点

《 文法語彙問題 》 各5点（200点）				《 読解問題 》 各6点（120点）		《 漢字問題A 》 各4点（60点）	
1) 2	11) 2	21) 2	31) 2	41) 2	51) 3	61) 2	71) 4
2) 4	12) 3	22) 4	32) 3	42) 3	52) 4	62) 1	72) 4
3) 2	13) 4	23) 1	33) 4	43) 4	53) 2	63) 3	73) 3
4) 4	14) 2	24) 2	34) 4	44) 1	54) 3	64) 1	74) 1
5) 3	15) 4	25) 3	35) 3	45) 1	55) 2	65) 1	75) 1
6) 4	16) 2	26) 2	36) 1	46) 3	56) 3	66) 4	
7) 1	17) 1	27) 2	37) 1	47) 3	57) 3	67) 2	
8) 1	18) 4	28) 3	38) 3	48) 1	58) 4	68) 3	
9) 2	19) 2	29) 3	39) 2	49) 4	59) 3	69) 1	
10) 1	20) 4	30) 1	40) 3	50) 1	60) 2	70) 3	

《 漢字問題B 》 各4点（60点）　*漢字問題A＋B＝計120点

76) あた　　　　80) みの　　　　　84) こぜに　　　　88) さ
77) きけん　　　81) ふこうへい　　85) あせ　　　　　89) なな
78) まか　　　　82) きょうりょく　86) るいじ　　　　90) ばいしょう
79) しつど　　　83) うす　　　　　87) はんい

解答例　《 記述問題A 》 各6点（30点）　*（A）と（B）が両方正解で6点。部分点はありません。
91)（A）行か　　　　　　　　　　　　（B）する
92)（A）つけ　　　　　　　　　　　　（B）見る
93)（A）いい　　　　　　　　　　　　（B）いる
94)（A）かける　　　　　　　　　　　（B）買った
95)（A）ところ　　　　　　　　　　　（B）早く

解答例　《 記述問題B 》 各6点（30点）　*部分点はありません。　*記述問題A＋B＝計60点

96)　雨が降りそうな
97)　外国人向けにいろいろな
98)　仕事さえ終われば
99)　残念なことこのうえ
100)　さんざん待たされたあげく

■　聴解問題　500点

《写真問題》 各5点（50点）	《聴読解問題》 各10点（100点）	《 応答問題 》 各10点（200点）		《 会話・説明問題 》 各10点（150点）	
1) 2	11) 4	21) 2	31) 2	41) 1	51) 3
2) 2	12) 2	22) 2	32) 1	42) 2	52) 3
3) 4	13) 1	23) 3	33) 3	43) 1	53) 2
4) 3	14) 3	24) 1	34) 1	44) 2	54) 1
5) 1	15) 3	25) 1	35) 1	45) 2	55) 1
6) 1	16) 4	26) 2	36) 2	46) 2	
7) 3	17) 2	27) 3	37) 3	47) 1	
8) 1	18) 1	28) 2	38) 2	48) 3	
9) 2	19) 1	29) 1	39) 3	49) 2	
10) 4	20) 2	30) 3	40) 3	50) 3	

写真問題

例題の写真を見てください。
例題１　これは何ですか。
1　コップです。
2　いすです。
3　ノートです。
4　カメラです。

例題２　これで何をしますか。
1　すわります。
2　字を書きます。
3　水を飲みます。
4　写真をとります。

最も良いものは、例題１は１、例題２は３です。ですから、例題１は１、例題２は３を例のようにマークします。

Aの写真を見てください。
問題１　これは何ですか。
1　ペンキです。
2　アイロンです。
3　ミシンです。
4　バケツです。

問題２　これで何をしますか。
1　服を縫います。
2　しわを伸ばします。
3　皮をむきます。
4　地面を掘ります。

Bの写真を見てください。
問題３　ここはどこですか。
1　峠です。
2　岬です。
3　砂漠です。
4　畑です。

問題４　二人は何をしていますか。
1　土を耕しています。
2　種をまいています。
3　作物を収穫しています。
4　風船を膨らませています。

Cの写真を見てください。
問題５　これは何ですか。
1　歩道橋です。
2　看板です。
3　アンテナです。
4　植木です。

問題６　正しい説明はどれですか。
1　車道の上に架かっています。
2　歩行者で溢れています。
3　車が衝突しています。
4　塀に囲まれています。

Dの写真を見てください。
問題７　女性について正しい説明はどれですか。
1　子供を抱っこしています。
2　子供をとがめています。
3　子供をおんぶしています。
4　子供を治療しています。

問題８　子供について正しい説明はどれですか。
1　体を反らしています。
2　開き直っています。
3　宙がえりしています。
4　孤立しています。

Eの写真を見てください。
問題９　相手に名前を聞きたいです。こんな時、何と言いますか。
1　お名前を伺ってくださいませんか。
2　お名前をお聞かせいただけますか。
3　お名前をご存知でしょうか。
4　お名前を差し上げませんか。

Fの写真を見てください。
問題１０　相手の要望に応えられなかったため、謝罪します。こんな時、何と言いますか。
1　認識不足で申し訳ありません。
2　言葉足らずで申し訳ありません。
3　世間知らずで申し訳ありません。
4　力不足で申し訳ありません。

例題を見てください。男性と女性が、会社のロゴの位置について話しています。

例題1　男性はどの位置がいいと言っていますか。

例題2　女性はどの位置がいいと言っていますか。

ーーーーーーーーーーーーーーーーーーーー

男：名刺のデザインを変えるんだけど、会社のロゴの位置はどこがいいと思う？

女：住所の前がいいんじゃない？

男：うーん、でも、それじゃあ目立たないよ。会社名の前に大きく入れたら、どう？

女：えー、ロゴは控えめに、住所の前にあるほうがいいわよ。

ーーーーーーーーーーーーーーーーーーーー

例題1　男性はどの位置がいいと言っていますか。

例題2　女性はどの位置がいいと言っていますか。

最も良いものは、例題1は2、例題2は3です。ですから、例題1は2、例題2は3を例のようにマークします。

Gを見てください。

家で妻と夫が旅行の交通手段について話しています

問題11　夫が最初にいいと言ったのはどれですか。

問題12　二人はどれを利用することにしましたか。

ーーーーーーーーーーーーーーーーーーーー

女：温泉旅行、何で行く？　飛行機？

男：飛行機は高いよ。バスはどうかな。安いし、温泉地に直接行けるのがあるみたいだよ。

女：えー、それはちょっと。ねえ、車は？　運転好きでしょう？

男：好きでも長時間は疲れるよ。

女：じゃあ、新幹線ね。

男：そうだね。駅から温泉地までは歩けるみたいだ

女：じゃ、決まり。

ーーーーーーーーーーーーーーーーーーーー

問題11　夫が最初にいいと言ったのはどれですか。

問題12　二人はどれを利用することにしましたか。

Hを見てください。
会社で男性と女性が研修で用意するものについて話
しています。

問題１３　用意が終わっているのはどれですか。
問題１４　男性が用意するのはどれですか。
ーーーーーーーーーーーーーーーーーーーーー
男：明日の研修だけど、資料の印刷は済んでる？
女：今、田口さんが作業中で、あとで私も手伝いに行
　　きます。研修会場はお昼まで使うそうなので、椅
　　子や机は午後、若手社員で並べておきます。
男：わかった。講師の先生に頼まれたものは？
女：グループで話し合う時に使うペンと紙はもう揃え
　　てあります。あとはホワイトボードですが、倉庫
　　から持って来ないといけないんです。
男：じゃあ、僕が夕方までに運び込んでおくよ。
女：ありがとうございます。
ーーーーーーーーーーーーーーーーーーーーー
問題１３　用意が終わっているのはどれですか。
問題１４　男性が用意するのはどれですか。

Iを見てください。
女性が暗証番号の決め方について話しています。

問題１５　女性の以前の暗証番号はどれでしたか。
問題１６　女性は今、何を元に暗証番号を決めてい
　　　　　ますか。
ーーーーーーーーーーーーーーーーーーーーー
女：皆さんは暗証番号をどんな番号にしていますか。
　　以前私は生年月日を暗証番号にしていました。
　　11月25日生まれなのでその４桁です。ですが他
　　人が推測できるということで変えました。他に
　　電話番号や車のナンバーなどといった数字も避
　　けたほうがいいそうです。他人に知られにくく、
　　自分で忘れない数字ということで、今は娘が生
　　まれた時の体重、「4056」にしています。娘は
　　大きな赤ちゃんだったんですよ。
ーーーーーーーーーーーーーーーーーーーーー
問題１５　女性の以前の暗証番号はどれでしたか。
問題１６　女性は今、何を元に暗証番号を決めてい
　　　　　ますか。

Jを見てください。
面接試験の後で採用担当の男性と女性が話しています。

問題１７　女性が採用したいと思ったのはどの人ですか。

問題１８　採用されることになったのはどの人ですか。

――――――――――――――――――

男：では、佐藤さん、鈴木さん、高橋さん、吉田さん、この４名から採用する１名を決めましょう。まず佐藤さん。明るくはきはきしていて好感が持てましたね。

女：ええ、それに真面目でしたね。鈴木さんも営業職への意欲が非常に高かったですよ。笑顔も素敵で営業に向いてそうですね。それから高橋さん。海外生活が長く、数か国語が達者とあれば即戦力です。

男：そうですね。吉田さんはこちらの話もよく聞くし、質問も積極的でしたね。他の３人にも話し掛けていてコミュニケーション能力が高いと思います。

女：私は海外とのやりとりができる人がいいと思うので、語学力重視で高橋さんを推します。

男：ですが、営業に必要なのは語学力よりこっちの能力ではないでしょうか。相手といい関係を築くことが重要です。

女：ああ、確かにその通りですね。では、吉田さんに決めましょうか。

男：ええ。

――――――――――――――――――

問題１７　女性が採用したいと思ったのはどの人ですか。

問題１８　採用されることになったのはどの人ですか。

Kを見てください。
会社で男性と女性があるアンケート結果について話しています。

問題１９　男性は何に力を入れるべきだと言っていますか。

問題２０　女性は何に力を入れるべきだと言っていますか。

――――――――――――――――――

女：部長、お客様に新商品「お掃除ロボ」に興味を持ったきっかけについて聞いたアンケートの結果です。

男：ほう、やはりテレビコマーシャルが一番効果があるんだね。インターネット広告はまずまずの１８パーセントで、新聞・雑誌の広告はたった４パーセントか。これならもっとテレビCMを増やしたほうが良さそうだな。

女：部長、ここを見てください。ツイッターなどのSNSがきっかけという人が23パーセントもいます。ここを工夫すればより宣伝効果があるかと。

男：工夫と言っても、我々にできることなんてあるのか。

女：「お掃除ロボ」のアカウントを作って情報発信していくのはどうでしょうか。

男：うーん、そういうのは私には難しいな。

女：では私にお任せいただけないでしょうか。企画しますので次の会議で発表させてください。

男：おお、そうか。じゃ、頼むよ。

――――――――――――――――――

問題１９　男性は何に力を入れるべきだと言っていますか。

問題２０　女性は何に力を入れるべきだと言っていますか。

例題1　おはようございます。
1　おはようございます。
2　おやすみなさい。
3　さようなら。

例題2　お仕事は？
　　　　－会社員です。
1　私も会社員じゃありません。
2　私も会社員です。
3　私も医者です。

最も良いものは、例題1は1、例題2は2です。ですから、例題1は1、例題2は2を例のようにマークします。

問題21　お久しぶりですね。
1　ええ、お気の毒ですね。
2　ええ、ご無沙汰しております。
3　ええ、どうぞお構いなく。

問題22　食費を節約したいなあ。
1　自転車で通勤したら？
2　外食をやめたら？
3　いらない服を捨てたら？

問題23　社長と食事するのは嫌でもなんでもないよ。
1　もちろん、みんな嫌がってるよ。
2　ふーん、何でも食べられるんだ。
3　え、私は嫌だけど。

問題24　仕事は順調ですか。
1　はい、おかげさまで。
2　はい、悩んでいます。
3　はい、かなり辛いです。

問題25　お客様対応のことで部長に叱られたよ。
1　そんなに気を落とさないで。
2　それは手が出ないね。
3　本当に顔が広いよね。

問題26　会議は、しあさってですか。
1　はい、出席しました。
2　はい、3日後です。
3　はい、課長です。

問題27　あの新人、しょっちゅう休むよね。
1　たまには、いいじゃないですか。
2　真面目な人ですよね。
3　困ったもんですね。

問題28　また働き始めるんですか。
1　ええ、ビタミンが足りないんです。
2　ええ、でもブランクがあるので不安です。
3　ええ、リサイクルしようと思ってます。

問題29　危ない！　ぶつかるよ。
1　すみません、ぼんやりしてて。
2　すみません、ぐちゃぐちゃで。
3　すみません、ぼろぼろで。

問題30　行けるものなら、行きたいんだけど…。
1　じゃあ、いっしょに行こうか。
2　へえ、どうやって行くんですか。
3　わかった。じゃあ、またの機会に。

問題31　え？　こんな絵が評価されてるの？
　　　　－うん、信じがたいよね。
1　ほんと素晴らしい作品ね。
2　芸術は私には理解できないわ。
3　家に飾りたいわね。

問題32　課長と何かあった？
　　　　－文句言ってたら、本人に聞かれててさ。
1　それは気まずいね。
2　それはやかましいね。
3　それは目覚ましいね。

問題33　お父さんが結婚を認めてくれなくて困ってるのよ。
　　　　－諦めずに説得するしかないんじゃない？
1　はあ、結構渋いわ。
2　はあ、本当に尊いわ。
3　はあ、頑固だから大変だわ。

問題34　契約交渉は君に任せたよ。
1　はい、最善を尽くします。
2　はい、気持ちが揺らいでいます。
3　はい、忍び込みました。

問題３５　イベントは雨天決行です。
1　え？　雨でもやるんですか。
2　え？　中止するんですか。
3　え？　決まってないんですか。

問題３６　三浦さんって、頼りになりますよね。
1　ええ、スリルがあります。
2　ええ、いつもフォローしてくれます。
3　ええ、マイペースすぎます。

問題３７　彼とはちょくちょく会ってるの？
1　うん、彼のこと好きじゃないから。
2　うん、最後に会ったのは10年前かな。
3　うん、毎週会ってるよ。

問題３８　田中さんの営業成績が良くないね。
1　新人といえども実力がありますからね。
2　彼女なりに頑張ってはいますよ。
3　努力なくしては今の彼女はないですから。

問題３９　繁華街なのに閑散としてるね。
1　本当、いい天気。
2　うん、とってもにぎやかだね。
3　うん、ほとんど人がいないね。

問題４０　村田さんがあんなミスするなんて珍しい
　　　　　ですよね。
1　まさにどんぐりの背比べですね。
2　まさに灯台下暗しですね。
3　まさに弘法にも筆の誤りですね。

会話・説明問題
「＊」の部分は録音されていません。

例題
————————————————————
男：佐藤さん、明日の会議の資料はできましたか。
女：はい、できました。こちらです。
男：じゃ、10部コピーしておいてください。
女：あのう、コピーする前に内容をチェックしてい
　　ただけないでしょうか。
男：ええ、いいですよ。
女：お願いします。
————————————————————
女性は男性に何をお願いしましたか。
＊1　資料のコピー
＊2　資料のチェック
＊3　資料の作成

最も良いものは2です。ですから、例のように2を
マークします。

1　電話で女性と男性が話しています。この会話を
　　聞いてください。
ーーーーーーーーーーーーーーーーーーーーー
女：はい、もしもし。
男：パワフル電気店の内山と申します。エアコンの
　　キャンペーンのご案内でお電話させていただきま
　　した。
女：え？　キャンペーン？
男：はい。今ならどのメーカーのエアコンも30パーセ
　　ントお安くなります。
女：へえ。でも必要ないわ。
男：古いエアコンとの交換も行っています。新しいほ
　　うが電気代も安くなりますよ。
女：そうねえ。でも急な話だから…。
男：よろしければチラシをお送りいたします。割引
　　クーポンもついておりますので。
女：あら、じゃあ、そうしてください。
ーーーーーーーーーーーーーーーーーーーーー
問題41　女性はどうすることにしましたか。
＊1　チラシを送ってもらうことにした。
＊2　エアコンを注文することにした。
＊3　エアコンを買わないことにした。

問題42　エアコンの割引について、会話の内容と
　　　　合っているのはどれですか。
＊1　現金で買えば安くなる。
＊2　クーポンを利用すれば安くなる。
＊3　古いエアコンと交換すれば安くなる。

2　会社で男性と女性が今日の予定について話して
　　います。この会話を聞いてください。
ーーーーーーーーーーーーーーーーーーーーー
男：中村さん、今日、本社の営業担当が工場見学に
　　来る件だけど、空港到着が15時頃になるって。
　　昼食は済ませて来るそうだよ。
女：そうですか。ではレストランの予約はキャンセ
　　ルしておきます。
男：ありがとう。それから人数が増えるらしいんだ。
女：じゃあ、予定していた車では乗りきれないです
　　ね。どうしましょうか。
男：知り合いの会社が大型車を持ってるから、借り
　　られるか今から聞いてみるよ。
ーーーーーーーーーーーーーーーーーーーーー
問題43　女性はこのあと何をしますか。
＊1　レストランの予約を取り消す。
＊2　工場に本社の社員を連れて行く。
＊3　空港に本社の社員を迎えに行く。

問題44　男性はこのあと何をしますか。
＊1　知人からの返答を待つ。
＊2　知人の会社に連絡する。
＊3　本社の担当者に到着時間を聞く。

3　テレビでレポーターが話しています。この話を聞いてください。

────────────────────

女：今、自分用に化粧品を買う20代以下の男性が増えています。この年代の多くは子供の頃に親に日焼け止めのクリームを塗ってもらっていたなどのことから、肌の手入れを当たり前のこととして育っています。そして「自分らしさを表現しながら美しくなりたい」という強い願望を持っているようです。実際に彼らはSNSや同年代の女性から化粧品に関する情報を集め、興味があれば試しているとのことです。最近ではこのような男性をターゲットにした男性用化粧品の種類も増えており、この市場は今後もさらに成長していくとみられています。

────────────────────

問題45　若い男性が化粧をするのにはどんな理由があると言っていますか。
＊1　親にすすめられたから
＊2　自分自身を表現したい気持ちがあるから
＊3　肌に自信がないから

問題46　話の内容と合っているのはどれですか。
＊1　男性が化粧品について話す機会は少ない。
＊2　男性用化粧品市場の拡大が予想されている。
＊3　近年、化粧をする女性が減少している。

4　会社で男性と女性が新商品について話しています。この会話を聞いてください。

────────────────────

男：藤井さん、まだ帰らないんですか。
女：うん。昨日の営業会議で新商品のアイデアを出すように言われてね。
男：ペットフードの新商品ですか。
女：ううん、ペットに関わる全く新しい商品。
男：うちの商品、売り上げ好調なのにですか。
女：うん。餌や犬用の服や首輪だけでは企業としての成長は望めないからって。そこで考えたんだけど「モノ」じゃなくサービスを商品とするのはどうかな。
男：サービスですか。
女：そう。例えばトリミングサービスに参入するとか。女性が定期的に美容室に通うようにね。
男：ああ、なるほど。
女：それからペット保険。日本ではまだあまり普及していないから需要あるんじゃないかしら。どう？
男：どちらもいいですね。
女：そう？　じゃ、次の会議で提案してみるわ。

────────────────────

問題47　二人の会社では今、主にどんな商品を扱っていますか。
＊1　ペットフード
＊2　ペット保険
＊3　トリミングサービス

問題48　女性が新商品のアイデアを出すように言われたのはなぜですか。
＊1　会社を有名にする必要があるため
＊2　会社の売り上げが減少しているため
＊3　今のままでは会社の成長が望めないため

5 男性が出演した映画について話しています。この話を聞いてください。
────────────────
男：私は元々この映画の原作が好きだったので、出演のお話をいただいた時は嬉しかったです。私が演じた「幹夫」という男は犯罪を犯してしまった過去を持っています。そういった男を演じるのは初めてでしたので、私にとっては大きな挑戦でした。撮影中、苦労したことといえば、関西弁のセリフです。何度も何度もイントネーションを直されました。映画はシリアスな内容でしたが、現場は明るく、恋人役である林桃花さんを始め共演者とはかなり仲良くなりました。今でもしょっちゅう連絡し合っています。原作ファンに見ていただくのは少し不安ですが、楽しんでいただけたらと思います。
────────────────
問題４９　男性にとって難しかったことは何ですか。
＊１　自由に演技をすること
＊２　方言を使って演じること
＊３　セリフを暗記すること

問題５０　男性について話の内容と合っているのはどれですか。
＊１　過去に犯罪を犯したことがある。
＊２　原作を読まずに撮影に臨んだ。
＊３　撮影中、共演者と親しくなった。

6 妻と夫が娘の健康診断の結果について話しています。この会話を聞いてください。
────────────────
女：あなた、明日香のことなんだけど、近視になってるみたいなのよ。眼科に行ったほうがいいって。
男：勉強のしすぎかな。明日香、姿勢も悪いしな。
女：違うわよ。あの子、スマホを買ってからゲームばっかりしてるんだから。時間を制限しないとますます悪くなるわ。私が注意しても聞かないのよ。あなたから話してくれない？
男：スマホのやりすぎか。しょうがないな。とりあえず眼科に連れて行って、めがねやコンタクトレンズが必要なら買ってやろう。
女：それだけじゃ根本的な解決にはならないわ。だからお願い。今、部屋にいるから。
男：わかったよ。
────────────────
問題５１　女性は娘の何が問題だと言っていますか。
＊１　勉強をしないこと
＊２　姿勢が悪いこと
＊３　スマートフォンを使いすぎていること

問題５２　男性はこのあとまず、何をしますか。
＊１　娘を眼科に連れて行く。
＊２　娘にめがねを買う。
＊３　スマートフォンの使用について娘と話す。

7　女性が日本の家事・育児の現状について話して
　　います。この話を聞いてください。
ーーーーーーーーーーーーーーーーーーーー
女：日本は「男性は仕事、女性は家事・育児」とい
　　う性別役割分業の思想が強い社会でしたが、女
　　性の社会進出とともにその概念は崩れつつあり
　　ます。育児を積極的に行う父親を指す「イクメ
　　ン」という言葉が登場したことからも、男性の
　　家事・育児に対する意識の変化がうかがえます。
　　しかし2019年の調査では、「共働き世帯」にお
　　いても女性が家事・育児を担う時間は男性の２
　　倍以上となっています。意識調査では「積極的
　　に家事・育児を担いたい」と考える男性が増加
　　しているにも関わらず、実際には実現されてい
　　ません。原因の一つとして、男性の長時間労働
　　が挙げられ、結果として女性に家事・育児の負
　　担が重くのしかかっています。近年、政府は
　　「働き方改革」を掲げ、残業時間の削減や労働
　　環境の改善などに乗り出しました。性別を問わ
　　ず労働と家事・育児の両立を協力して行い、誰
　　もが自由に輝ける社会の実現に向けての対策が
　　進められています。
ーーーーーーーーーーーーーーーーーーーー
　問題５３　近年、家事・育児に対しどのように考え
　　　　　　る男性が増えていると言っていますか。
　＊１　会社での労働よりも価値がある。
　＊２　より多く関わりたい。
　＊３　女性が担うのがよい。

　問題５４　現代社会における日本の女性について、
　　　　　　話の内容と合っているのはどれですか。
　＊１　共働きの場合でも夫より家事・育児の負担が
　　　　大きい。
　＊２　会社での労働時間は家事・育児の時間よりも
　　　　少ない。
　＊３　家事・育児を夫に任せて外で働く人が増えた。

　問題５５　政府について、話の内容と合っているの
　　　　　　はどれですか。
　＊１　労働時間を減らす政策を打ち出した。
　＊２　男性の短時間勤務制度の利用を推進している。
　＊３　企業に在宅勤務の導入を推奨している。

これで聴解試験を終わります。

第3回　J.TEST実用日本語検定（A-Cレベル）
正解とスクリプト

■　読解・記述問題　500点

《 文法語彙問題 》				《 読解問題 》		《 漢字問題A 》	
各5点（200点）				各6点（120点）		各4点（60点）	
1) 1	11) 3	21) 3	31) 3	41) 1	51) 4	61) 4	71) 3
2) 3	12) 3	22) 3	32) 1	42) 1	52) 1	62) 1	72) 3
3) 1	13) 3	23) 2	33) 4	43) 3	53) 2	63) 4	73) 2
4) 2	14) 2	24) 4	34) 3	44) 3	54) 2	64) 1	74) 4
5) 2	15) 1	25) 2	35) 1	45) 1	55) 1	65) 2	75) 4
6) 4	16) 4	26) 4	36) 2	46) 2	56) 2	66) 4	
7) 3	17) 4	27) 4	37) 4	47) 3	57) 4	67) 1	
8) 4	18) 1	28) 1	38) 2	48) 2	58) 2	68) 1	
9) 2	19) 3	29) 1	39) 1	49) 4	59) 4	69) 2	
10) 4	20) 2	30) 2	40) 3	50) 4	60) 3	70) 3	

《 漢字問題B 》 各4点（60点）　　*漢字問題A＋B＝計120点

76) ぶんべつ　　　80) ふ　　　　　　84) たんとう　　　88) はき
77) まど　　　　　81) みだ　　　　　85) きゅうか　　　89) しゅうちゃく
78) まる　　　　　82) じゅうどう　　86) すてき　　　　90) はな
79) れいとう　　　83) さ　　　　　　87) あやま

解答例　《 記述問題A 》 各6点（30点）　　*（A）と（B）が両方正解で6点。部分点はありません。
91)（A）やすい　　　　　　　　　（B）履いて
92)（A）よると　　　　　　　　　（B）決まって
93)（A）近　　　　　　　　　　　（B）近い
94)（A）貸した　　　　　　　　　（B）とれ
95)（A）ひい　　　　　　　　　　（B）行かず

解答例　《 記述問題B 》 各6点（30点）　　*部分点はありません。　*記述問題A＋B＝計60点

96)　車で送ってあげ
97)　シャワーを浴びている最中に
98)　雨のせいで試合が
99)　時間をかけて作った
100)　会社を辞めて以来

■　聴解問題　500点

《写真問題》	《聴読解問題》	《 応答問題 》		《 会話・説明問題 》	
各5点（50点）	各10点（100点）	各10点（200点）		各10点（150点）	
1) 1	11) 2	21) 3	31) 2	41) 2	51) 2
2) 2	12) 4	22) 1	32) 1	42) 1	52) 3
3) 4	13) 3	23) 3	33) 3	43) 3	53) 3
4) 3	14) 4	24) 2	34) 2	44) 1	54) 1
5) 3	15) 2	25) 1	35) 1	45) 2	55) 1
6) 4	16) 3	26) 1	36) 3	46) 3	
7) 3	17) 1	27) 3	37) 3	47) 3	
8) 1	18) 3	28) 2	38) 1	48) 2	
9) 2	19) 4	29) 2	39) 2	49) 2	
10) 1	20) 3	30) 1	40) 3	50) 1	

第3回 A-Cレベル　聴解スクリプト

区切り 写真問題

例題の写真を見てください。
例題1　これは何ですか。
1　コップです。
2　いすです。
3　ノートです。
4　カメラです。

例題2　これで何をしますか。
1　すわります。
2　字を書きます。
3　水を飲みます。
4　写真をとります。

最も良いものは、例題1は1、例題2は3です。ですから、例題1は1、例題2は3を例のようにマークします。

Aの写真を見てください。
問題1　女性は何をしに来ましたか。
1　キャンプです。
2　インタビューです。
3　ランニングです。
4　ドライブです。

問題2　女性について、正しい説明はどれですか。
1　涙を流しています。
2　両腕を伸ばしています。
3　足を広げています。
4　椅子を畳んでいます。

Bの写真を見てください。
問題3　ここはどこですか。
1　運河です。
2　火山です。
3　裁判所です。
4　海水浴場です。

問題4　どんな様子ですか。
1　不自然です。
2　ひっそりしています。
3　混雑しています。
4　真っ暗です。

Cの写真を見てください。
問題5　女性は何をしていますか。
1　くしゃみです。
2　あくびです。
3　居眠りです。
4　うがいです。

問題6　女性について、正しい説明はどれですか。
1　額をこすっています。
2　手首を揉んでいます。
3　腰を曲げています。
4　肘をついています。

Dの写真を見てください。
問題7　これは何ですか。
1　フェリーです。
2　ロープウェイです。
3　トラックです。
4　レントゲンです。

問題8　これで何をしますか。
1　貨物を運送します。
2　文化財を保護します。
3　戦術を練ります。
4　発育を促します。

Eの写真を見てください。
問題9　お客さんに資料を見てもらいます。こんな時、何と言いますか。
1　こちらをお使いください。
2　こちらをご覧ください。
3　こちらをお召し上がりください。
4　こちらをお知らせください。

Fの写真を見てください。
問題10　取引先を訪問後、会社に戻らずに家に帰りたいです。こんな時、上司に何と言いますか。
1　今日はこのまま直帰させていただきたいのですが。
2　今日はこのあと直行させていただきたいのですが。
3　今日はぜひ同行させていただきたいのですが
4　今日はここで解散させていただきたいのですが。

例題を見てください。男性と女性が、会社のロゴの位置について話しています。
例題1　男性はどの位置がいいと言っていますか。
例題2　女性はどの位置がいいと言っていますか。
ーーーーーーーーーーーーーーーーーーー
男：名刺のデザインを変えるんだけど、会社のロゴの位置はどこがいいと思う？
女：住所の前がいいんじゃない？
男：うーん、でも、それじゃあ目立たないよ。会社名の前に大きく入れたら、どう？
女：えー、ロゴは控えめに、住所の前にあるほうがいいわよ。
ーーーーーーーーーーーーーーーーーーー
例題1　男性はどの位置がいいと言っていますか。
例題2　女性はどの位置がいいと言っていますか。

最も良いものは、例題1は2、例題2は3です。ですから、例題1は2、例題2は3を例のようにマークします。

Gを見てください。
家で夫と妻が話しています。

問題11　このあと男性が買うのはどれですか。
問題12　このあと女性が買うのはどれですか。
ーーーーーーーーーーーーーーーーーーー
男：今晩、山田さん達が来るの、7時だったよね。買い物まだなら、僕、行こうか？
女：ありがとう。でも、お肉はあるし、野菜も少ないけどあるからいいわ。
男：そう。ワインは山田さんが持って来るって言ってたし、じゃ、買い物は行かなくていいね。
女：ちょっと待って。あ、デザートがないわね。それに野菜ももっとあったほうが安心だわ。やっぱり行ってくれる？
男：OK。デザートはスーパーのアイスでいいよね。
女：うーん、駅の南側のアイス屋がおいしいのよね。
男：えー、遠いよ。
女：じゃ、そっちは私が今から行くわ。
ーーーーーーーーーーーーーーーーーーー
問題11　このあと男性が買うのはどれですか。
問題12　このあと女性が買うのはどれですか。

Ｈを見てください。
会社で男性と女性が新商品名について話しています。

問題１３　男性は最初、どの商品名がいいと言いました
　　　　　か。
問題１４　二人はどの商品名を部長に提案しますか。
ーーーーーーーーーーーーーーーーーーーーーーー
男：課長、新発売の食パンの商品名ですが、他の部署
　　の人に投票してもらいました。こちらです。
女：どれどれ。一番人気はこれね。
男：はい。「ふわふわ」はこの商品の特徴が表れてい
　　ていいと思うんですが、「食パン」って単語が
　　入ってるのが平凡ですよね。
女：確かにそうね。
男：ですので、２番人気のこれが僕はいいと思うので
　　すが。
女：あー、でも、他社の商品で「超ふわり」っていう
　　のがあったからだめかな。
男：そうですか。
女：うん。それからこれも人気がないからやめましょ
　　う。
男：では、これはどうですか。
女：うん、賛成。票も10票入ってるし。部長にこれで
　　提案してみましょう。
ーーーーーーーーーーーーーーーーーーーーーーー
問題１３　男性は最初、どの商品名がいいと言いました
　　　　　か。
問題１４　二人はどの商品名を部長に提案しますか。

Ｉを見てください。
コンビニを経営する会社で女性と男性があるアン
ケート結果について話しています。

問題１５　20代のグラフはどれですか。
問題１６　50代のグラフはどれですか。
ーーーーーーーーーーーーーーーーーーーーーーー
女：部長、昼食時にコンビニを利用する回数につい
　　てのアンケート結果です。
男：20代から50代の会社員に調査したんだよね。各
　　年代、やはり毎日という人は少ないな。
女：はい。20代と30代の人は週２、３回と答えた割
　　合が高く、特に20代は50パーセント近いです。
　　ボリュームのあるお弁当が好評です。
男：年代が上がると利用回数が減っているね。40代
　　は月に２、３回しか利用しない人が過半数だな。
女：はい。40代50代はランチは外食という人が多い
　　ようで…。この世代にどうやってアピールして
　　いくかが課題ですね。
ーーーーーーーーーーーーーーーーーーーーーーー
問題１５　20代のグラフはどれですか。
問題１６　50代のグラフはどれですか。

Jを見てください。
専門家と男性があるグラフを見ながら話しています。

問題１７　「食費」はどれですか。
問題１８　次回の調査で増えている可能性があると
　　　　　言っているのはどれですか。
ーーーーーーーーーーーーーーーーーーーー
女：ちょっとデータが古いのですが、このグラフは一
　　人暮らしをしている社会人の平均的なひと月の生
　　活費の内訳です。
男：最も大きい割合を占めているのが「住居費」で、
　　次いで「食費」ですね。
女：ええ。その２つと「水道光熱費」の7.1パーセント
　　が生活に不可欠な費用で、約６割を占めます。
男：なるほど。その他、靴や洋服などの「服飾費」が
　　6.5パーセント、「通信費」が5.2パーセント、そ
　　して「交際費」が12.9パーセントですね。
女：ええ。ただ、ここ数年はインターネットの使用機
　　会が急速に拡大していますから、次回の調査では
　　この費用の割合がさらに増えている可能性があり
　　ます。
ーーーーーーーーーーーーーーーーーーーー
問題１７　「食費」はどれですか。
問題１８　次回の調査で増えている可能性があると
　　　　　言っているのはどれですか。

Kを見てください。
会議で男性がこの会社で行っているインターンシッ
プについて話しています。

問題１９　今後行うインターンシップの形式はどれ
　　　　　ですか。
問題２０　インターンシップの形式を変える一番の
　　　　　目的は何ですか。
ーーーーーーーーーーーーーーーーーーーー
男：ここ数年、我が社では講義形式やグループワー
　　ク形式で短期のインターンシップを行ってきま
　　したが、来年度から変更します。参加者のコ
　　ミュニケーション力を見るためビジネスゲーム
　　形式を取り入れる案もありましたが、現場で実
　　務を行ってもらう形式とします。期間が長いた
　　め入社を検討している学生が集まりやすく、よ
　　り優秀な人材の確保が可能になると考えます。
　　しかし、最大の狙いは、我が社と新入社員との
　　ミスマッチをなくし、数年で会社を去る社員を
　　少しでも食い止めることです。インターンシッ
　　プを担当される方々には負担をかけますが、後
　　輩指導のスキルアップにもなりますので、ご協
　　力よろしくお願いします。
ーーーーーーーーーーーーーーーーーーーー
問題１９　今後行うインターンシップの形式はどれ
　　　　　ですか。
問題２０　インターンシップの形式を変える一番の
　　　　　目的は何ですか。

例題1　おはようございます。
1　おはようございます。
2　おやすみなさい。
3　さようなら。

例題2　お仕事は？
　　　　－会社員です。
1　私も会社員じゃありません。
2　私も会社員です。
3　私も医者です。

最も良いものは、例題1は1、例題2は2です。ですから、例題1は1、例題2は2を例のようにマークします。

問題21　最近暑くなってきましたね。
1　ええ、マフラーが必要ですね。
2　ええ、暖房をつけたほうがいいですね。
3　ええ、半袖でいいですね。

問題22　あ、課長からお金、借りっぱなしだった。
1　早く返さないと。
2　いつ返してもらえるんだろうね。
3　あとで借りにいけば？

問題23　昨日の映画、面白かった？
1　ううん、わがままだった。
2　ううん、酸っぱかった。
3　ううん、退屈だった。

問題24　通りますから、ちょっとどいてください。
1　はい、掃除しておきます。
2　あ、邪魔でしたね。
3　あ、捨てないでください。

問題25　自分で会社を作りたいんだってね。
1　ええ、いずれは。
2　ええ、まれに。
3　ええ、わざと。

問題26　課長も飲み会に来てくださいよ。
1　じゃ、顔を出すよ。
2　やっぱり手を組むことにするよ。
3　うーん、口が堅いからね。

問題27　最近、張り切っていますね。
1　ええ、残業が続いているもので。
2　ええ、お客様からクレームが入ったもので。
3　ええ、大きい仕事を任されたもので。

問題28　それ食べないの？　嫌い？
1　今、シートベルトしているから。
2　アレルギーがあるんだ。
3　うん、全部コレクションだよ。

問題29　窓、拭いておきました。
1　わあ、のろのろしていますね。
2　わあ、ぴかぴかですね。
3　ちょっとまごまごしていますね。

問題30　スミスさん、家を買ったんですか。
1　家と言っても、小さな家ですよ。
2　ええ、ぜひお邪魔させてください。
3　明日、伺いますね。

問題31　試験が近いんだから、ちゃんと勉強しない。
　　　　－わかったよ。やるから試験終わったらゲーム買ってよ。
1　それは買ってみないことにはわからないわ。
2　それは点数次第かな。
3　それはまだ買ったためしがないから。

問題32　やっと新製品の発売日が決まりました。
　　　　－よかったですね。
1　ええ、いよいよです。
2　ええ、相変わらずです。
3　ええ、たびたびです。

問題33　増田さん、最近見かけないね。
　　　　－彼、過労で入院したらしいよ。
1　ああ、お酒の飲みすぎだね。
2　え！　交通事故？
3　やっぱり。働き過ぎてたからな。

問題34　例の件、詳細は決まりました？
1　失敗をとがめないでください。
2　そんなに急かさないでください。
3　調査を妨害しないでください。

問題３５　盛大なパーティーでしたね。
1　ええ、出席者も多かったですね。
2　ええ、飽きてしまいましたね。
3　ええ、ちょっと寂しかったですね。

問題３６　自己ベストの記録が出ました。
1　そんな時もあるよ。
2　残念だったね。
3　おめでとう。

問題３７　彼女がスピーチしてるところ見ました？
1　ええ、やきもきしていましたね。
2　ええ、がっくりしていましたね。
3　ええ、堂々としていましたね。

問題３８　このところ、仕事が忙しくて全然休めない
　　　　　ね。
1　うん、ろくに遊びにも行けないね。
2　うん、休むまでもないね。
3　うん、遊びに行かれてはかなわないね。

問題３９　こちら、お手すきの際にお願いします。
1　うん、今は手が汚れてるからね。
2　じゃ、これが終わったらね。
3　そんなに急ぎの書類なの？

問題４０　この箱、天地無用って書いてあるよ。
1　じゃ、一度上下反対にしてみよう。
2　じゃ、いらないから捨てちゃおう。
3　じゃ、ひっくり返さないように気を付けて。

会話・説明問題
「＊」の部分は録音されていません。

例題
ーーーーーーーーーーーーーーーーーーーー
男：佐藤さん、明日の会議の資料はできましたか。
女：はい、できました。こちらです。
男：じゃ、10部コピーしておいてください。
女：あのう、コピーする前に内容をチェックしていた
　　だけないでしょうか。
男：ええ、いいですよ。
女：お願いします。
ーーーーーーーーーーーーーーーーーーーー
女性は男性に何をお願いしましたか。
＊1　資料のコピー
＊2　資料のチェック
＊3　資料の作成

最も良いものは2です。ですから、例のように2を
マークします。

1　家で夫と妻が話しています。この会話を聞いて
　　ください。
────────────────────────
男：あ、まりちゃん、出掛けるなら、この手紙、つ
　　いでにポストに出して来て。
女：いいけど、住所、間違ってない？
男：あ、本当だ。すぐ書き直すよ。ちょっと待って
　　て。
女：それに切手も貼ってないけど、買わないとうち
　　にはないわよ。
男：じゃ、それもお願いしていい？　へへ。まり
　　ちゃん悪いね。
女：はいはい。
────────────────────────
問題４１　女性はこのあと何をしますか。
＊１　住所を書き直す。
＊２　切手を買う。
＊３　手紙を書く。

問題４２　男性について、会話の内容と合っている
　　　　のはどれですか。
＊１　封筒に切手を貼っていなかった。
＊２　封筒に住所を書いていなかった。
＊３　切手の料金を間違えていた。

2　会社で女性がある資料について男性に尋ねてい
　　ます。この会話を聞いてください。
────────────────────────
女：ねえ、この資料を作ってくれたのは高田さん
　　だっけ？
男：そうですが、今日はお休みです。
女：困ったな。直して欲しいところがあるんだけど、
　　私、今から出掛けないといけなくて。戻ったら
　　すぐ会議で必要なのよね。
男：どういったことでしょうか。私もわかるかもし
　　れません。
女：本当？　この部分なんだけど、文字のフォント
　　を変えてほしいと思って。ここと同じに。
男：わかりました。やっておきます。
女：ありがとう。終わったら印刷して机に置いとい
　　てもらえる？
男：はい。
────────────────────────
問題４３　男性はこのあと何をしますか。
＊１　高田さんに女性の話を伝える。
＊２　退社する。
＊３　資料の文字のデザインを変える。

問題４４　女性はこのあと何をしますか。
＊１　外出する。
＊２　高田さんに資料を送る。
＊３　資料を印刷する。

3 会議で女性がある新商品について話しています。この話を聞いてください。

――――――――――――――――――――

女：こちらのケーキは、卵と小麦粉を使用していないアレルギー対応の商品となっています。このようなケーキは他社からすでに販売されていますが、ほとんどが予約販売のみです。しかし、こちらのケーキは冷凍した状態で店頭に並べておくことができるため、予約が不要です。これがこの商品の一番の売りです。試作段階では味に対する厳しい評価が続きましたが、3年にわたり改良を重ね、ようやく自信を持ってお届けできる仕上がりとなりました。当社の一般的な商品より値段は上がりますが、需要はあると見込んでおり、お客様にも十分にご満足いただけると思います。

――――――――――――――――――――

問題45　新商品について、他社の商品との違いは何ですか。

＊1　卵と小麦粉を使っていないこと
＊2　予約せずに買えること
＊3　値段が安いこと

問題46　新商品の味について、話の内容と合っているのはどれですか。

＊1　試作品の評判が良かった。
＊2　これから改良する予定である。
＊3　改良して良くなった。

4 喫茶店で女性と男性が話しています。この会話を聞いてください。

――――――――――――――――――――

女：中村君、最近、仕事どう？
男：それが、うちの会社、英語のテストの点数でボーナスの額が変わることになったんだよ。仕事で英語なんか使わないのに。あーあ、吉田さんくらい僕も英語できたらなあ。
女：へえ、そうなんだ。まあ、私は留学してたから。今も海外の友達と交流してるし。じゃ、英語の勉強始めるの？
男：うん。プライベートレッスンの先生探そうと思って。グループレッスンより僕に向いてそうだからね。
女：外国人の友達紹介しようか。プロじゃないから安く教えてくれると思うわ。
男：うーん、ありがたいけど、僕は自分に甘いから、安いとさぼっちゃうと思うんだ。
女：そっか。いい先生見つかるといいね。

――――――――――――――――――――

問題47　男性はどうして英語を勉強することにしましたか。

＊1　英語を使う仕事をするから
＊2　海外の人と交流したいから
＊3　給与に影響するようになるから

問題48　男性はどんな方法で英語を勉強すると言っていますか。

＊1　留学する。
＊2　プロの先生に教えてもらう。
＊3　女性の友達の外国人に教えてもらう。

5　電話で男性と女性が通信講座の退会について
　　話しています。この会話を聞いてください。
————————————————————
男：はい、カルチャーワンでございます。
女：あのう、先月、やめるって連絡したのに、今日ま
　　た今月分の教材が届いたんですけど…。
男：では、お調べします。…お客様、確かに4月11日
　　にお電話いただいて退会のお手続きをしたのです
　　が、5月分からストップするには、4月10日まで
　　にご連絡いただく必要がございまして…。
女：そうだったんですか。じゃ、1日遅れただけでも
　　5月分の受講料も払わなければならないってこと
　　なんですね。
男：ええ。ご案内が不十分だったようで申し訳ござい
　　ません。
女：そうですか。わかりました。
————————————————————
問題49　4月分までで退会するには、いつまでに連
　　　　絡が必要でしたか。
＊1　3月末
＊2　4月10日
＊3　4月11日

問題50　会話の内容と合っているのはどれですか。
＊1　女性は5月分の料金を支払わなければならな
　　　い。
＊2　女性は届いた教材を返せば、返金してもらえ
　　　る。
＊3　担当者のミスで5月分の教材が届いた。

6　男性が自身が携わっている仕事について話し
　　ています。この話を聞いてください。
————————————————————
男：私の仕事は自動車の自動運転システムの開発で
　　自動運転システムは多くの部品が関連しているた
　　め、各部品に強みを持つ様々なメーカーと一緒に
　　開発を進めなければなりません。その際に私が心
　　掛けているのは、安心安全なシステム作りという
　　目標を各部品メーカーと共有することです。人を
　　乗せて走る自動車ですから、守るべき法律や規制
　　はたくさんあり、それらを一つ一つ解決しながら
　　開発を進めていくのは、根気のいる作業です。で
　　すが、互いの知恵を寄せ合って議論を重ね、これ
　　までにないシステムを開発していくことは、とて
　　も挑戦しがいのある仕事です。
————————————————————
問題51　男性が仕事をする上で心掛けていること
　　　　は何ですか。
＊1　各部品の完成度を高めること
＊2　部品メーカー各社と目標を共有すること
＊3　できるだけ早く決断し実行すること

問題52　男性について、話の内容と合っているの
　　　　はどれですか。
＊1　自動車メーカーの法務部門で働いている。
＊2　他社とシステム開発を競い合っている。
＊3　自分の仕事にやりがいを感じている。

7　女性の話を聞いてください。

――――――――――――――――――――――――

女：心身の健康を維持するためには、健全な食生活
　　が非常に重要です。しかし近年、若い世代で朝
　　食を抜く、栄養が偏った食事をするなどの食生
　　活の乱れが浮き彫りになり、政府、企業、学校
　　など各方面で課題解決のための取り組みが行わ
　　れるようになっています。これを受け、社員食
　　堂で無料で朝食を提供したり、栄養バランスを
　　考慮したメニューを考案したりなどして、従業
　　員の健康をサポートする取り組みを始めた企業
　　もあります。このように従業員の健康づくりに
　　積極的に取り組む企業に対しては、政府が優良
　　法人として認定するなど、社会的に評価をする
　　動きが加速しています。これまで個人的なこと
　　と位置づけられてきた健康や食生活に関する問
　　題は今や社会全体で取り組むべき課題となって
　　いるのです。

――――――――――――――――――――――――

問題５３　何について話していますか。
＊１　食生活が健康に及ぼす影響
＊２　健康的な食生活の例
＊３　食生活に関する社会の取り組み

問題５４　最近の若者の食生活にはどのような問題
　　　　　があると言っていますか。
＊１　朝食をとらない人が多い。
＊２　自炊する人が少ない。
＊３　好き嫌いが多い。

問題５５　話の内容と合っているのはどれですか。
＊１　従業員の健康を気遣う企業は社会的に評価さ
　　　れるようになっている。
＊２　政府の指導により健康を気遣う人が増えた。
＊３　企業には従業員の健康を守る義務がある。

これで聴解試験を終わります。

第4回　J. TEST実用日本語検定（A-Cレベル）
正解とスクリプト

■　読解・記述問題　500点

《 文法語彙問題 》　各5点（200点）				《 読解問題 》　各6点（120点）		《 漢字問題A 》　各4点（60点）	
1) 2	11) 4	21) 2	31) 4	41) 4	51) 1	61) 3	71) 2
2) 4	12) 3	22) 2	32) 4	42) 1	52) 3	62) 1	72) 1
3) 4	13) 3	23) 3	33) 2	43) 2	53) 3	63) 2	73) 3
4) 2	14) 1	24) 3	34) 1	44) 4	54) 4	64) 3	74) 4
5) 4	15) 1	25) 4	35) 1	45) 2	55) 1	65) 3	75) 2
6) 3	16) 1	26) 1	36) 3	46) 1	56) 2	66) 1	
7) 3	17) 2	27) 3	37) 4	47) 2	57) 3	67) 4	
8) 1	18) 2	28) 4	38) 2	48) 2	58) 2	68) 2	
9) 2	19) 4	29) 1	39) 4	49) 4	59) 1	69) 2	
10) 1	20) 3	30) 3	40) 3	50) 3	60) 4	70) 4	

《 漢字問題B 》 各4点（60点）　*漢字問題A＋B＝計120点

76) くる	80) びん	84) せ	88) おこた
77) ごうけい	81) しっけ	85) かんばん	89) まぎ
78) うら	82) なら	86) いね	90) ようご
79) れんしゅう	83) しょうりゃく	87) ごらく	

解答例　《 記述問題A 》各6点（30点）　*（A）と（B）が両方正解で6点。部分点はありません。
91)（A）いい　　　　　　　　　　　　　（B）見える
92)（A）暑　　　　　　　　　　　　　　（B）温度
93)（A）高い　　　　　　　　　　　　　（B）行く
94)（A）年齢　　　　　　　　　　　　　（B）なる
95)（A）車　　　　　　　　　　　　　　（B）えない

解答例　《 記述問題B 》各6点（30点）　*部分点はありません。　*記述問題A＋B＝計60点

96)　机の上に置いたまま
97)　台風が近づくにつれて
98)　使いにくいばかりか
99)　仕事が遅れ気味だ
100)　飽きっぽい性格な

■　聴解問題　500点

《写真問題》　各5点（50点）	《聴読解問題》　各10点（100点）	《 応答問題 》　各10点（200点）		《 会話・説明問題 》　各10点（150点）	
1) 2	11) 1	21) 3	31) 1	41) 2	51) 3
2) 1	12) 1	22) 1	32) 3	42) 2	52) 2
3) 4	13) 4	23) 3	33) 2	43) 1	53) 3
4) 3	14) 3	24) 2	34) 3	44) 3	54) 2
5) 3	15) 4	25) 2	35) 2	45) 2	55) 3
6) 1	16) 2	26) 2	36) 2	46) 1	
7) 1	17) 4	27) 1	37) 2	47) 1	
8) 4	18) 1	28) 3	38) 1	48) 2	
9) 4	19) 2	29) 2	39) 3	49) 2	
10) 2	20) 4	30) 3	40) 1	50) 2	

写真問題

例題の写真を見てください。
例題1　これは何ですか。
1　コップです。
2　いすです。
3　ノートです。
4　カメラです。

例題2　これで何をしますか。
1　すわります。
2　字を書きます。
3　水を飲みます。
4　写真をとります。

最も良いものは、例題1は1、例題2は3です。ですから、例題1は1、例題2は3を例のようにマークします。

Aの写真を見てください。
問題1　女性は何をしていますか。
1　握手です。
2　化粧です。
3　読書です。
4　検査です。

問題2　正しい説明はどれですか。
1　口紅を塗っています。
2　歯磨きをしています。
3　髪を乾かしています。
4　ネックレスをつけています。

Bの写真を見てください。
問題3　ここはどこですか。
1　ダムです。
2　鉄橋です。
3　砂漠です。
4　牧場です。

問題4　女性について、正しい説明はどれですか。
1　馬を見上げています。
2　馬を引っ張っています。
3　馬を撫でています。
4　馬を苦しめています。

Cの写真を見てください。
問題5　ここはどこですか。
1　車庫です。
2　洗面所です。
3　幼稚園です。
4　待合室です。

問題6　子供達について、正しい説明はどれですか。
1　手をつないでいます。
2　手を消毒しています。
3　手を放しています。
4　手を叩いています。

Dの写真を見てください。
問題7　これは何ですか。
1　シュレッダーです。
2　ドライバーです。
3　パジャマです。
4　ブザーです。

問題8　これで何をしますか。
1　税金を申告します。
2　遺跡を発掘します。
3　くじを引きます。
4　文書を破棄します。

Eの写真を見てください。
問題9　電話で相手にいつ来てもらえるか聞きます。
　　　　こんな時、何と言いますか。
1　いつ来られたらいいでしょうか。
2　いついらっしゃいましょうか。
3　いつ伺えばよろしいでしょうか。
4　いつお越しいただけますでしょうか。

Fの写真を見てください。
問題10　配属された部署で上司や先輩に初めて挨拶
　　　　　をします。こんな時、何と言いますか。
1　何とぞご自愛ください。
2　ご指導ご鞭撻のほどお願いいたします。
3　ご愛顧のほどよろしくお願いいたします。
4　ご再考願えませんでしょうか。

例題を見てください。男性と女性が、会社のロゴの位置について話しています。
例題１　男性はどの位置がいいと言っていますか。
例題２　女性はどの位置がいいと言っていますか。
————————————————————
男：名刺のデザインを変えるんだけど、会社のロゴの位置はどこがいいと思う？
女：住所の前がいいんじゃない？
男：うーん、でも、それじゃあ目立たないよ。会社名の前に大きく入れたら、どう？
女：えー、ロゴは控えめに、住所の前にあるほうがいいわよ。
————————————————————
例題１　男性はどの位置がいいと言っていますか。
例題２　女性はどの位置がいいと言っていますか。

最も良いものは、例題１は２、例題２は３です。ですから、例題１は２、例題２は３を例のようにマークします。

Ｇを見てください。
妻と夫が新幹線の予約について話しています。

問題１１　二人は何時何分の新幹線に乗りますか。
問題１２　女性はどのように切符を買いますか。
————————————————————
女：来週、東京までは新幹線でいいよね。
男：うん、あきちゃんの結婚式は午後２時開始だったよね？
女：そう。だから１時までに駅に到着するとして、11時30分発だと間に合わないから…。11時10分のに乗れば１時ちょうどに着くわ。お昼は新幹線の中でお弁当かな。
男：うーん、12時過ぎに着くように行って向こうでお昼食べたいなあ、僕は。
女：いいよ。じゃ、10時10分か10時30分のだね。
男：早いほうにしよう。自由席だと座れるかわからないから指定席ね。
女：うん。帰りの分はどうする？
男：取りあえず行きのだけでいいよ。
女：わかった。じゃ、もうインターネットで買っちゃうね。
————————————————————
問題１１　二人は何時何分の新幹線に乗りますか。
問題１２　女性はどのように切符を買いますか。

Hを見てください。
夫と妻がお盆休みの過ごし方について話しています。

問題１３　去年何をしましたか。
問題１４　今年何をしますか。
——————————————————————
男：今年のお盆休み、土日合わせて４日間だけになりそうだから、今年も海外旅行は無理だな。どうする？

女：そうねえ。去年はお爺ちゃんが亡くなって初めてのお盆だったから、家族でお墓参りに行ったのよね。今年は近くへ日帰りで出掛けようか。

男：そうだな。じゃ、南部遊園地とかどう？

女：ああ、そこは７月の終わりに子供向けのイベントがあって、子供達はそれに参加するから違うところがいいわ。

男：じゃあ、海水浴かな？

女：そうね、そうしましょう。
——————————————————————
問題１３　去年何をしましたか。

問題１４　今年何をしますか。

Ｉを見てください。
会社で女性と男性が新入社員研修について話しています。

問題１５　男性が重要だと言ったのはどれですか。
問題１６　女性が力を入れたいと言ったのはどれですか。
——————————————————————
女：部長、今年の新入社員研修のスケジュールができました。

男：今年も４日間に渡って行うんですね。どの研修も大事ですが、私は特にこの日の研修が重要だと思っています。新入社員にも新しい企画をどんどん作ってほしいですからね。

女：そうですね。

男：今年の新入社員は皆、礼儀正しく、言葉遣いも丁寧だから期待できますね。

女：ええ、確かにそうなんですが、全体的に大人しい性格なのか、話していても私からの一方通行で終わってしまって会話が成立しないことが多いんですよ。

男：それは仕事をする上で困りますね。

女：ええ。ですから私はこの研修にも力を入れたいと思っています。

男：そうですか。大変ですがよろしくお願いします。
——————————————————————
問題１５　男性が重要だと言ったのはどれですか。
問題１６　女性が力を入れたいと言ったのはどれですか。

Jを見てください。
女性と男性が副業について話しています。

問題１７　「翻訳」はどれですか。
問題１８　男性はどれについて調べますか。
————————————————————
女：林さん、何を見ているんですか。
男：おすすめの副業ランキングです。何か始めよう
　　かと思って。
女：私、２位のこれやってますよ。ネットに載せる
　　記事を書く仕事です。
男：「ライター」ですか。かっこいいですね。
女：昔イギリスに住んでいた時の体験談を書いてい
　　るだけですけどね。
男：へえ。イギリスに住んでいたなら英語もできる
　　んですか。
女：ええ、まあ、ある程度は。
男：じゃ、「翻訳」もできそうですね。５位にあり
　　ますよ。
女：いやいや、それは専門知識も必要ですし、私に
　　は無理ですよ。
男：そうですか。僕がやるとしたら「データ入力」
　　かなあ。単純そうだし。
女：１位になってますね。４位の「ユーチューバー」
　　はどうですか。林さんなら人気ユーチューバー
　　になれると思いますよ。
男：冗談言わないでくださいよ。やっぱりこれ、早
　　速募集がないか調べてみます。
————————————————————
問題１７　「翻訳」はどれですか。
問題１８　男性はどれについて調べますか。

Kを見てください。
女性があるグラフを見ながら話しています。

問題１９　「言葉遣い」はどれですか。
問題２０　「営業時間」はどれですか。
————————————————————
女：こちらは当銀行のテレホンバンキング業務につい
　　て、お客様の満足度を調査した結果です。五角形
　　の頂点が調査項目を表し、調査項目はオペレー
　　ターの「態度」、「言葉遣い」、「説明のわかり
　　やすさ」、オペレーターにつながるまでの「待ち
　　時間」、そして「営業時間」の５つです。ご覧の
　　通り、「態度」、「言葉遣い」、「説明のわかり
　　やすさ」といったオペレーター対応にはご満足い
　　ただけています。特に「言葉遣い」に関しては徹
　　底した研修を行っている成果か、最も高い満足度
　　となりました。一方、満足度が低かったのが、
　　「営業時間」と「待ち時間」です。一人一人に丁
　　寧な対応をしているため、どうしてもお待たせす
　　る時間が発生してしまっています。また、現在、
　　午後８時までの営業ですが、もっと遅くしてほし
　　いという要望が日頃から多く、この点への不満が
　　今回の結果にも表れています。
————————————————————
問題１９　「言葉遣い」はどれですか。
問題２０　「営業時間」はどれですか。

例題1　おはようございます。
1　おはようございます。
2　おやすみなさい。
3　さようなら。

例題2　お仕事は？
　　　　－会社員です。
1　私も会社員じゃありません。
2　私も会社員です。
3　私も医者です。

最も良いものは、例題1は1、例題2は2です。ですから、例題1は1、例題2は2を例のようにマークします。

問題21　激しい雨ですね。
1　ええ、もうすぐ降りそうですね。
2　ええ、傘がなくても大丈夫ですね。
3　ええ、傘をさしていても濡れますね。

問題22　ここは駐車禁止ですよ。
1　すみません。すぐに移動します。
2　じゃあここに停めます。
3　よかった。探していたんです。

問題23　11時から会議だっけ？
1　いいえ、いませんよ。
2　ええ、わかりました。
3　ええ、そうですよ。

問題24　佐藤さん、もう晩ご飯食べた？
1　うん、しょっちゅう。
2　うん、とっくに。
3　うん、めっきり。

問題25　あのレストラン、求人出てたよ。
1　本当？　食べに行こうかな。
2　本当？　応募しようかな。
3　本当？　もうそんな時間？

問題26　課長っていつも威張っていると思わない？
1　ええ、優しい人ですから。
2　ええ、みんな嫌がっていますね。
3　ええ、努力家ですね。

問題27　営業部の彼、リストラされたって本当？
1　え、首になったってこと？
2　え、背中を押されたってこと？
3　え、顔が売れたってこと？

問題28　明日の飲み会のメンバーは？
1　駅前の居酒屋だそうです。
2　1人5千円らしいですよ。
3　いつもと同じですよ。

問題29　昨日、やっと髪を切りに行けたよ。
1　はっきりしたね。
2　すっきりしたね。
3　こっそりしたね。

問題30　最近、高野君と連絡取ってる？
1　彼に限ってそれはないだろう。
2　電話番号を教えてたまるか。
3　半年前にメールしてそれっきり。

問題31　今日だけで荷物、こんなに出すんですか。
　　　　－ええ。でもこれは一部に過ぎませんよ。
1　え！　これ以外にもあるんですか。
2　なるほど。今日は一部だけでいいんですね。
3　ああ、今日は出さないんですね。

問題32　素敵なイヤリングですね。
　　　　－ありがとう。自分で作ったんだ。
1　へえ、親しいんですか。
2　へえ、かわいそうですね。
3　へえ、器用なんですね。

問題33　デザイン案、届いた？
　　　　－はい、こちらの3つです。
1　うーん、これは偽物だろう。
2　うーん、どれも月並みだなあ。
3　うーん、全部没収だな。

問題34　実は、入社したばかりの頃は山本さんの事を妬んでいたんだ。
1　へえ、彼のこといつから好きだったの？
2　じゃ、二人をお祝いしようか。
3　彼は何でもできてすごいからね。

問題３５　今度の引っ越し、誰かに手伝ってもらお
　　　　　うと思ってるんだ。
1　胸騒ぎがしますね。
2　あてはあるんですか。
3　筋がいいですね。

問題３６　転職してよかったことってある？
1　うーん、インパクトがないことかな。
2　うーん、給料がアップしたことかな。
3　うーん、やっぱりタイミングかな。

問題３７　君のかばん、ぎゅうぎゅうだね。
1　うん、もう10年も使っているからね。
2　うん、いつも荷物が多くてね。
3　だって高かったから。

問題３８　この件は部長に相談するまでもないです
　　　　　よね。
1　いや、相談したほうがいいと思いますよ。
2　いや、まだ相談しないでください。
3　いや、相談する時間がないですよ。

問題３９　私が離婚したこと、みんなに話した
　　　　　の？
1　うん、口ほどにもないね。
2　だって、口が肥えているから…。
3　ごめん。口が滑ってしまって…。

問題４０　林さんって八方美人ですよね。
1　ええ、誰にでもいい顔してますよね。
2　ええ、仕事もできますし、お酒も飲めますし。
3　ええ、女優みたいですよ。

| 会話・説明問題 |
「＊」の部分は録音されていません。

例題
――――――――――――――――――――
男：佐藤さん、明日の会議の資料はできましたか。
女：はい、できました。こちらです。
男：じゃ、10部コピーしておいてください。
女：あのう、コピーする前に内容をチェックしてい
　　ただけないでしょうか。
男：ええ、いいですよ。
女：お願いします。
――――――――――――――――――――
女性は男性に何をお願いしましたか。
＊1　資料のコピー
＊2　資料のチェック
＊3　資料の作成

最も良いものは2です。ですから、例のように2を
マークします。

1　会社で男性と女性がある打ち合わせについて話
　　しています。この会話を聞いてください。
——————————————————
男：木村さん、アオイサービスでの打ち合わせって
　　明日の2時だったよね。
女：はい。
男：実は午前中に急な予定が入っちゃって、そっち
　　が延びたら、間に合わないかもしれないんだ。
女：では、あさってに変えてもらいましょうか。
男：いや、1時間だけ遅らせてもらえないか聞いて
　　くれる？
女：わかりました。では、メールしておきます。
男：いや、急なことだから電話のほうがいいな。
女：あ、そうですね。じゃ、今すぐに。
——————————————————
問題41　男性はいつ打ち合わせをしたいと言って
　　　　います。
＊1　明日の午後2時から
＊2　明日の午後3時から
＊3　あさっての午後2時から

問題42　女性はこのあとまず、何をしますか。
＊1　アオイサービスにメールを送る。
＊2　アオイサービスに電話をかける。
＊3　アオイサービスに直接行く。

2　電話で外出中の女性と会社にいる男性が話してい
　　ます。この会話を聞いてください。
——————————————————
女：あ、南君？　今KS電子社の高田さんから連絡が
　　あって、4時に製品サンプルを会社に届けに来て
　　くれるって。受け取っといてもらえる？
男：わかった。受け取るだけでいい？
女：ううん、その時に書類を渡してほしいんだ。私の
　　机にある白いファイルに入ってるのなんだけど。
男：白いファイルね…。あ、あった。
女：ついでにコピーを1部とっといてもらいたいの。
　　すっかり忘れてて。
男：いいよ、やっとく。
女：助かる！　じゃ、悪いけどよろしくね。
——————————————————
問題43　女性が電話をした目的は何ですか。
＊1　男性に頼み事をするため
＊2　男性に製品サンプルの保管場所を教えるため
＊3　男性に高田さんへの伝言を頼むため

問題44　男性はこのあと何をしますか。
＊1　高田さんに連絡する。
＊2　ファイルを探す。
＊3　書類をコピーする。

3　旅行ガイドがある観光名所の前で話しています。この話を聞いてください。

──────────────────

女：こちらが「高宮城」でございます。普通お城と言えば、高い場所に建てられるものですが、このお城は独特の地形を生かし、日本で唯一、周囲よりも低い場所に建てられています。門をくぐると、城の象徴的な建物である「天守閣」までは下り坂です。門が「天守閣」よりも高いという独特の構造となっています。今から約500年前に建てられ、有名な武士が戦いの際に滞在したことでも知られています。皆さんも当時の様子を想像しながらお城の中を歩いてみてください。

──────────────────

問題45　女性は何について話していますか。
＊1　高宮城までの行き方
＊2　高宮城の特徴
＊3　高宮城が建造された理由

問題46　「高宮城」について、話の内容と合っているのはどれですか。
＊1　周囲よりも低い位置に建っている。
＊2　門が独特な形をしている。
＊3　宿泊が可能である。

4　飲料メーカーに勤める男性と女性が売れ行きの悪い商品について話しています。この会話を聞いてください。

──────────────────

男：炭酸飲料の売り上げが悪いですね。
女：ええ。先日のアンケート結果から消費者の健康志向の高まりが影響していることがわかっています。
男：つまり、炭酸飲料には健康によくないイメージがあるということですね。
女：はい。一方でヨーグルトや豆乳を使った飲料は売れ行き好調です。健康的なイメージがあるようです。
男：なるほど。では、様々な炭酸飲料のイメージについてもう少し調べてみてくれますか。
女：わかりました。それから今、炭酸水がダイエットや美容にもいいと評判なので、うちで販売している炭酸水も炭酸の強さが異なるものや、フレーバー付きのものなど、バリエーションを増やしてみるのはどうでしょう。
男：ああ、いいですね。じゃあそのあたりもまとめて製造部に相談してみましょう。

──────────────────

問題47　売れ行きが悪い商品は何ですか。
＊1　炭酸飲料
＊2　ヨーグルトや豆乳の飲料
＊3　炭酸水

問題48　女性はこのあとまず、何をしますか。
＊1　アンケートを取る。
＊2　情報収集をする。
＊3　製造部に相談する。

5　講演会で男性が自身の経営する工場について話しています。この話を聞いてください。

────────────────────

男：私が経営する食品加工工場では、パート従業員に自分がする仕事を自分で決めてもらっています。つまり、自分が好きな仕事だけをしてもらっているのです。それでは「業務に偏りが出るのでは」と思われるかもしれませんが、不思議なことに人の好みは様々ですからそうはなりません。それだけでなく出勤日や勤務時間も自分で決めてもらっています。20年近くこのような方法ですが、周囲の心配をよそに今まで業務が滞ったことはありません。少人数で回していますがパート従業員は皆10年、20年以上のベテランで、非常に効率的に仕事をしてくれています。

────────────────────

問題４９　男性は主に何について話していますか。
＊１　事業内容
＊２　従業員の働き方
＊３　経営上の問題点

問題５０　男性が経営する工場について、話の内容と合っているのはどれですか。
＊１　従業員が多い。
＊２　長く勤務している人が多い。
＊３　経営に行き詰まっている。

6　家で妻と夫が電気料金について話しています。この会話を聞いてください。

────────────────────

女：ねえ、友達が新しい電力会社に変えたら、2割も電気代が安くなったんだって。だからうちも電力会社を変えてみない？
男：それはすごいね。でも、なんだか新しい電力会社は停電とかあるんじゃないかって不安だけど。
女：発電所から電力を送るのは大手だから、供給の心配はないみたいよ。
男：へえ。でもどうして安くできるんだろう？
女：元々他の事業をしている会社が電力事業に参入するケースが多くて、主力事業で高い収益を上げているからその分安くできるんだって。
男：なるほどね。
女：友達の家は携帯電話会社のプランらしいんだけど、うちの場合はガス会社がやっているプランがお得みたい。問い合わせてみようかな。
男：うん、いいと思う。早速やってみてよ。

────────────────────

問題５１　女性は新電力会社は大手に比べてどうだと言っていますか。
＊１　供給が不安定である。
＊２　プランが豊富である。
＊３　電気料金が安い。

問題５２　女性はこのあと、何をしますか。
＊１　友人に詳しいことを聞く。
＊２　ガス会社に問い合わせる。
＊３　携帯電話会社のプランに申し込む。

7　男性が育児休暇に関する自身の経験について話
　　しています。この話を聞いてください。
――――――――――――――――――――――
男：今年長男が産まれ、私は３週間の育児休暇を取得
　　しました。元々私の会社では男性社員は配偶者の
　　出産時に５日間の休暇が認められていましたが、
　　今年から２週間の休暇取得が強制となりました。
　　最長では４週間まで認められます。育休を取る前
　　は、息子と３週間も一日中一緒に過ごせると嬉し
　　く思っていましたが、実際は真夜中の授乳やおむ
　　つ替えによる睡眠不足と、自分の時間が持てない
　　ストレスで、心身ともにくたくたになりました。
　　育児の大変さを身をもって体験することができま
　　したので、育休復帰後の今も妻一人に育児を任
　　せっきりにしないよう、率先して育児に関わるよ
　　うにしています。
――――――――――――――――――――――
問題５３　男性の会社では男性社員はどのくらい育
　　　　　児休暇を取得できますか。
＊１　最長２週間
＊２　最長３週間
＊３　最長４週間

問題５４　男性の会社について、話の内容と合って
　　　　　いるのはどれですか。
＊１　男性社員の育児休暇取得は任意である。
＊２　今年、育児休暇取得の制度が変わった。
＊３　男性社員の育児休暇取得率が低い。

問題５５　男性について、話の内容と合っているの
　　　　　はどれですか。
＊１　育児休暇中も家で仕事をしていた。
＊２　育児休暇中は毎日快適に過ごせた。
＊３　育児休暇後も積極的に育児をしている。

これで聴解試験を終わります。

第5回　J.TEST実用日本語検定（A-Cレベル）
正解とスクリプト

■　読解・記述問題　500点

《 文法語彙問題 》各5点（200点）				《 読解問題 》各6点（120点）		《 漢字問題A 》各4点（60点）	
1) 4	11) 1	21) 3	31) 2	41) 4	51) 2	61) 4	71) 2
2) 2	12) 2	22) 1	32) 3	42) 1	52) 2	62) 1	72) 4
3) 3	13) 4	23) 3	33) 1	43) 2	53) 4	63) 1	73) 2
4) 3	14) 2	24) 1	34) 1	44) 4	54) 3	64) 2	74) 1
5) 3	15) 1	25) 3	35) 4	45) 1	55) 1	65) 2	75) 3
6) 4	16) 1	26) 2	36) 1	46) 3	56) 2	66) 2	
7) 3	17) 3	27) 1	37) 4	47) 2	57) 3	67) 3	
8) 2	18) 1	28) 4	38) 2	48) 1	58) 4	68) 1	
9) 2	19) 2	29) 4	39) 3	49) 3	59) 1	69) 3	
10) 4	20) 2	30) 2	40) 1	50) 3	60) 2	70) 1	

《 漢字問題B 》各4点（60点）　　*漢字問題A＋B＝計120点

76) かしこ　　　　80) おど　　　　　84) さしみ　　　　88) ゆる
77) しょるい　　　81) めん　　　　　85) じゃま　　　　89) した
78) ゆた　　　　　82) てつがく　　　86) じゅうなん　　90) けいさい
79) かんせい　　　83) の　　　　　　87) けっさく

解答例　　《 記述問題A 》各6点（30点）　　*（A）と（B）が両方正解で6点。部分点はありません。
91)（A）受かった　　　　　　　　　　　（B）買って
92)（A）濡れて　　　　　　　　　　　　（B）降りた
93)（A）取る　　　　　　　　　　　　　（B）耳
94)（A）かかってきた　　　　　　　　　（B）浴びている
95)（A）する　　　　　　　　　　　　　（B）辞めた

解答例　　《 記述問題B 》各6点（30点）　　*部分点はありません。　　*記述問題A＋B＝計60点

96)　時間に遅れないように 97)　薬を飲んだおかげで 98)　勤めれば勤めるほど 99)　のあまり言葉を失って 100)　夫婦で話し合った末に

■　聴解問題　500点

《写真問題》各5点（50点）	《聴読解問題》各10点（100点）	《 応答問題 》各10点（200点）		《 会話・説明問題 》各10点（150点）	
1) 4	11) 2	21) 3	31) 1	41) 3	51) 1
2) 3	12) 4	22) 2	32) 3	42) 1	52) 2
3) 2	13) 2	23) 2	33) 2	43) 1	53) 1
4) 1	14) 4	24) 3	34) 1	44) 3	54) 2
5) 4	15) 1	25) 2	35) 1	45) 2	55) 1
6) 4	16) 4	26) 3	36) 1	46) 3	
7) 1	17) 3	27) 1	37) 3	47) 2	
8) 2	18) 1	28) 3	38) 1	48) 3	
9) 3	19) 1	29) 3	39) 1	49) 2	
10) 2	20) 3	30) 1	40) 3	50) 1	

第5回 A-Cレベル　聴解スクリプト

写真問題

例題の写真を見てください。
例題1　これは何ですか。
1　コップです。
2　いすです。
3　ノートです。
4　カメラです。

例題2　これで何をしますか。
1　すわります。
2　字を書きます。
3　水を飲みます。
4　写真をとります。

最も良いものは、例題1は1、例題2は3です。ですから、例題1は1、例題2は3を例のようにマークします。

Aの写真を見てください。
問題1　これは何ですか。
1　アンテナです。
2　エプロンです。
3　バケツです。
4　ドライヤーです。

問題2　これで何をしますか。
1　髪の毛を結びます。
2　髪の毛を抜きます。
3　髪の毛を乾かします。
4　髪の毛を拭きます。

Bの写真を見てください。
問題3　子供は何をしていますか。
1　祈っています。
2　叫んでいます。
3　隠れています。
4　跳ねています。

問題4　子供について、正しい説明はどれですか。
1　手袋をはめています。
2　アイロンを持っています。
3　椅子にもたれています。
4　ドレスを着ています。

Cの写真を見てください。
問題5　ここはどこですか。
1　広場です。
2　踏切です。
3　農村です。
4　砂漠です。

問題6　正しい説明はどれですか。
1　別荘が建っています。
2　吹雪が起こっています。
3　火山が噴火しています。
4　地平線が見えます。

Dの写真を見てください。
問題7　二人は何の訓練をしていますか。
1　応急手当です。
2　津波避難です。
3　消防です。
4　防犯です。

問題8　男性について、正しい説明はどれですか。
1　作戦を練っています。
2　心臓マッサージを練習しています。
3　胸のレントゲンを撮っています。
4　人形の上にまたがっています。

Eの写真を見てください。
問題9　部長に呼ばれてやって来ました。こんな時何と言いますか。
1　部長、参られました。
2　部長、お越しになりました。
3　部長、お呼びでしょうか。
4　部長、伺っております。

Fの写真を見てください。
問題10　スピーチの最後に挨拶をします。こんな時何と言いますか。
1　ご教示ありがとうございました。
2　ご清聴ありがとうございました。
3　ご尽力の賜物と感謝いたします。
4　痛恨の極みでございます。

例題を見てください。男性と女性が、会社のロゴの位置について話しています。

例題1　男性はどの位置がいいと言っていますか。
例題2　女性はどの位置がいいと言っていますか。
ーーーーーーーーーーーーーーーーーーーー
男：名刺のデザインを変えるんだけど、会社のロゴの位置はどこがいいと思う？
女：住所の前がいいんじゃない？
男：うーん、でも、それじゃあ目立たないよ。会社名の前に大きく入れたら、どう？
女：えー、ロゴは控えめに、住所の前にあるほうがいいわよ。
ーーーーーーーーーーーーーーーーーーーー
例題1　男性はどの位置がいいと言っていますか。
例題2　女性はどの位置がいいと言っていますか。

最も良いものは、例題1は2、例題2は3です。ですから、例題1は2、例題2は3を例のようにマークします。

Gを見てください。
会社で男性と女性が花火大会の案内について話しています。

問題11　どこに案内を貼りますか。
問題12　男性はこのあと、何を直しますか。
ーーーーーーーーーーーーーーーーーーーー
男：案内を作りました。貼る場所はエレベーターの中でいいですか。
女：あー、そこじゃなくて休憩室のほうにお願い。エレベーターを使わない人もいるから。
男：でも休憩室に行かない人もいませんか。
女：そうね。じゃ、やっぱり1階のロビーにしましょう。
男：わかりました。
女：その案内、時間や場所は合ってるよね？
男：はい。えーっと、9月22日の午後7時から9時半、サクラ山公園。OKです。
女：え？　2時間半も？
男：あ、すいません。8時半まででした。すぐ直します。
女：もう、しっかりしてよ。
ーーーーーーーーーーーーーーーーーーーー
問題11　どこに案内を貼りますか。
問題12　男性はこのあと、何を直しますか。

Hを見てください。
女性と男性が会社説明会で話す内容について話しています。

問題１３　男性が詳しく話してほしがっているのはどれですか。
問題１４　女性が詳しく話したいと思っているのはどれですか。
ーーーーーーーーーーーーーーーーー
女：課長、こちら、会社説明会の参加希望者に聞いたアンケート結果です。知りたいことのトップスリーは上から「仕事内容」、「求められる能力」、「社内の雰囲気」でした。

男：なるほどね。じゃ、遠藤さん、この結果を参考に話すテーマを決めて、若手社員代表として説明会で話をしてくれないかな？

女：え、私ですか。

男：うん、頼むよ。僕は特にこれについて詳しく話してほしいな。会社が欲しい人材を理解した上で応募してほしいから。

女：わかりました。「給料・休日」という回答は下から二番目ですが、私はこれについても丁寧に伝えたいと思います。

男：そうだな。じゃ、会社の魅力が伝わるように頼むよ。
ーーーーーーーーーーーーーーーーー
問題１３　男性が詳しく話してほしがっているのはどれですか。
問題１４　女性が詳しく話したいと思っているのはどれですか。

Iを見てください。
バスの中で旅行会社のガイドがこれからの予定について話しています。

問題１５　このあとまず、どこへ行きますか。
問題１６　明日行く所はどこですか。
ーーーーーーーーーーーーーーーーー
女：皆様、ご昼食はいかがでしたか。それでは次の目的地へ出発いたします。途中で明日見学予定の美術館が右手に見えますのでご紹介いたしますね。さて、次に訪れるのは高さ約100メートルの西日本最大の滝ですが、昨日の雨でいつにも増して迫力満点です。今回のツアーには入っていませんが滝の近くには美しい湖もありますので、機会があれば是非おいでください。そのあと早めに宿泊予定のホテルへ参ります。ホテルの前は海岸ですから、夕日を見ながらの散歩をお楽しみいただけます。それでは、しばらくお寛ぎください。
ーーーーーーーーーーーーーーーーー
問題１５　このあとまず、どこへ行きますか。
問題１６　明日行く所はどこですか。

Jを見てください。
不動産屋で営業担当の女性と客の男性が話していま
す。

問題１７　男性が今住んでいるのはどの部屋ですか。
問題１８　二人はこれからどの部屋を見に行きます
　　　　　か。
ーーーーーーーーーーーーーーーーーーーーー
女：いらっしゃいませ。
男：あのう、今住んでいる部屋より広いところに
　　引っ越したくて。今は６畳の部屋が１部屋だけ
　　なのですが…。
女：かしこまりました。部屋の広さ以外にご希望は
　　ございますか。
男：今お風呂とトイレが一緒で不便なので、別々が
　　いいですね。収納場所も何か所かあるほうがい
　　いです。
女：かしこまりました。それではこちらの物件はい
　　かがでしょうか。お部屋は10畳で、浴室とお手
　　洗いが別々です。収納も３か所ありますよ。
男：いいですね。他にもありますか。
女：ええ、こちらもおすすめですよ。
男：ここも10畳一間ですね。でも収納は１か所だけ
　　ですか…。
女：ええ、ですが大きいので、色々な物が収納でき
　　ますよ。
男：ああ、そうですね。ここ、見学できますか。
女：ええ。さっそくご案内いたします。
ーーーーーーーーーーーーーーーーーーーーー
問題１７　男性が今住んでいるのはどの部屋ですか。
問題１８　二人はこれからどの部屋を見に行きます
　　　　　か。

Kを見てください。
介護職員向けのセミナーで専門家があるグラフにつ
いて話しています。

問題１９　「認知症」はどれですか。
問題２０　「高齢による衰弱」はどれですか。
ーーーーーーーーーーーーーーーーーーーーー
男：こちらは３年おきに行われている「介護が必要
　　となった主な原因」を調査した結果をグラフに
　　したものです。このグラフから、2001年から長
　　らく原因の１位だった「脳血管疾患」が2013年
　　以降に「認知症」に逆転されていることがわか
　　りますね。「認知症」の割合の増加理由は平均
　　寿命が伸びたことや、「認知症」と診断される
　　ケースが増えたことなどだと言われており、こ
　　の状況は当分変わることはなさそうです。また、
　　2001年には２位だった「高齢による衰弱」の比
　　率は徐々に下がり、2019年には「骨折・転倒」
　　とほぼ同程度となっています。要介護となる原
　　因は人それぞれです。要介護者との信頼関係構
　　築のためにもそれを把握しておくことが重要で
　　す。
ーーーーーーーーーーーーーーーーーーーーー
問題１９　「認知症」はどれですか。
問題２０　「高齢による衰弱」はどれですか。

例題1　おはようございます。
1　おはようございます。
2　おやすみなさい。
3　さようなら。

例題2　お仕事は？
　　　　－会社員です。
1　私も会社員じゃありません。
2　私も会社員です。
3　私も医者です。

最も良いものは、例題1は1、例題2は2です。ですから、例題1は1、例題2は2を例のようにマークします。

問題21　井上さん、転職したらしいよ。
1　へえ、誰と？
2　へえ、もう60歳？
3　へえ、どんな会社に？

問題22　新入社員の彼、大人しいね。
1　うん、子供がいるからね。
2　うん、もっと話せばいいのにね。
3　うん、にぎやかになったね。

問題23　車、買ったんだって？
1　うん、買いたくてしょうがないんだ。
2　まあ、買ったといっても新車じゃないけど。
3　でも、買うとしたら車だよね。

問題24　田中課長って、そそっかしいですよね。
1　ええ、何でもよく知っていますよね。
2　ええ、社長に褒められたらしいですよ。
3　ええ、また電車に忘れ物をしたらしいですよ。

問題25　ここにはんこをお願いします。
1　さっき食べましたよ。
2　サインでもいいですか。
3　いや、破れませんよ。

問題26　この仕事、急ぎますか。
1　はい、広々としています。
2　はい、何とかします。
3　はい、至急お願いします。

問題27　そんなに慌ててどうしたの？
1　待ち合わせに遅れそうなんだ。
2　テレビがつまらないんだ。
3　今やりたいことがないんだ。

問題28　荷物、預けたいね。
1　うん、ビタミンが足りないからね。
2　うん、ライターならここだよ。
3　あ、あそこにロッカーがあるよ。

問題29　谷さん、何かいいことでもあったのかな？
1　そうね。ぶつぶつ言ってるわね。
2　そうね。うろうろしてるわね。
3　そうね。にこにこしてるわね。

問題30　さあ、今日は仕事の話は抜きにして楽しみましょう。
1　ええ、せっかくのパーティーですからね。
2　ええ、その話を詳しく聞かせてください。
3　ええ、楽しく仕事の話ができるといいですね。

問題31　私の会社、ボーナス減ったんですよ。
　　　　－ボーナスがあるだけましですよ。
1　え？　ボーナス出なかったんですか。
2　ボーナスで何を買うんですか。
3　あ、これからもらうんですね。

問題32　どうしたの？　元気ないね。
　　　　－試験に落ちたんです。
1　いつもさっぱりしてるね。
2　それはしつこいね。
3　あまりくよくよしないで。

問題33　二人にミスの原因聞いてくれた？
　　　　－ええ。ですが説明が食い違って、揉めちゃったんです。
1　じゃ、ミスはなかったってことか。
2　じゃ、個別に話を聞いたほうがいいな。
3　え？　二人に説明しなかったの？

問題34　これ、半日かけて作ったカレーだよ。
1　へえ、手が込んでるのね。
2　まあ、大目に見てあげるよ。
3　それは気が気でないね。

問題３５　プロジェクトの進み具合はどうですか。
1　おおむね順調です。
2　長らくお待たせしました。
3　ことのほか快適です。

問題３６　昨日の地震、大きかったね。
1　ええ、もうパニックでしたよ。
2　ええ、ワンパターンだと思います。
3　ええ、私もトライしたかったです。

問題３７　電車、がらがらだったよ。
1　じゃ、疲れたでしょう。
2　じゃ、遅れちゃったの？
3　じゃ、座れたんだね。

問題３８　仕事のかたわらボランティアをしています。
1　へえ、どちらもするのは大変じゃないですか。
2　へえ、仕事は辞めたんですか。
3　私も仕事中心の生活です。

問題３９　部長、ものすごい剣幕だったね。
1　うん、かなり怒ってたね。
2　うん、すごく喜んでたね。
3　うん、少し苦しそうだったね。

問題４０　ようやく完成しましたね。
1　ええ、自業自得でしょうね。
2　ええ、意気消沈していますよ。
3　ええ、紆余曲折ありましたけどね。

「＊」の部分は録音されていません。

例題
——————————————————————
男：佐藤さん、明日の会議の資料はできましたか。
女：はい、できました。こちらです。
男：じゃ、10部コピーしておいてください。
女：あのう、コピーする前に内容をチェックしていただけないでしょうか。
男：ええ、いいですよ。
女：お願いします。
——————————————————————
女性は男性に何をお願いしましたか。
＊1　資料のコピー
＊2　資料のチェック
＊3　資料の作成

最も良いものは２です。ですから、例のように２をマークします。

1 会社で女性と男性が話しています。この会話を
聞いてください。

——————————————————

女：坂本さん、みんなで飲み会をしようって話が出
　　ているんですけど、どうですか。
男：え？　新しく入った人もいないのに？　まさか、
　　誰か辞めるんですか。
女：いえいえ。製品の発表会が無事終わったから、
　　みんなで乾杯したいなって。
男：ああ、いいですね。いつですか。
女：みんな、来週の金曜日がいいって言ってるんで
　　すが。
男：ええ、大丈夫です。お店は決まっていますか。
女：いいえ、まだ。これから予約します。
男：じゃ、決まったら教えてください。

——————————————————

問題４１　飲み会をするのはなぜですか。
＊１　会社を辞める同僚がいるから
＊２　新しい社員が入ったから
＊３　大きな仕事が終わったから

問題４２　女性はこのあとまず、何をしますか。
＊１　飲み会の店を予約する。
＊２　飲み会の店の場所を男性に知らせる。
＊３　飲み会の日程を調整する。

2 病院の診察室で医者と女性が話しています。
　 この会話を聞いてください。

——————————————————

男：どうなさいましたか。
女：昨日の夜からのどが痛くて、熱もあるんです。
　　妊娠中なので心配で…。
男：そうですか。ちょっと口の中を見せてください
　　ね。…ああ、赤く腫れていますね。胸の音を聞
　　かせてください。…はい、いいですよ。吐き気
　　や他の症状はありますか。
女：いえ、ありません。
男：風邪ですね。妊娠中でも飲めるお薬を処方して
　　おきますから、１日３回、食後に飲んでくださ
　　い。眠くなる恐れがありますから、車の運転な
　　どはしないようにしてくださいね。
女：わかりました。

——————————————————

問題４３　女性はどんな症状がありますか。
＊１　のどの痛みと熱
＊２　胸の痛みと吐き気
＊３　熱と吐き気

問題４４　医者が出す薬について、正しいのはど
　　　　　れですか。
＊１　眠くなりにくい。
＊２　食事の前に飲む。
＊３　妊娠中の人も飲める。

3　ラジオで女性がある飲食店について話していま
す。この話を聞いてください。
ーーーーーーーーーーーーーーーーーーー
女：こちらのお店はお年寄りが好む野菜や魚が中心
　　の優しい味付けの和食メニューが豊富です。毎
　　日多くのお年寄りでにぎわい、交流の場にも
　　なっています。こちらの店長によると、最近お
　　弁当の配達も始めたとのことです。足を怪我し
　　て来られなくなってしまったお客さんがいたこ
　　とから、始めることにしたそうです。今後もお
　　年寄りに愛されるお店を続けていきたいとのこ
　　とです。
ーーーーーーーーーーーーーーーーーーー
問題４５　この店はどんなメニューが多いですか。
＊１　味が濃い料理
＊２　野菜や魚の和食料理
＊３　量が少ない定食

問題４６　最近この店で始めたことは何ですか。
＊１　おかずの販売
＊２　交流イベント
＊３　弁当の配達

4　家で弟と姉が話しています。この会話を聞い
　　てください。
ーーーーーーーーーーーーーーーーーーー
男：お姉ちゃん、服で溢れている部屋、どうにか
　　しなよ。
女：わかってるわよ。
男：僕は思い切って捨てたよ。それ以来新しい服を
　　買わないようにしてるし。お姉ちゃんもそうす
　　れば？
女：うーん、通勤中にインターネットで服買うのは
　　やめられないわ。それが私のストレス解消法だ
　　もの。
男：じゃ、着ない服を処分すれば？
女：えー、どれも高かったからもったいないな。あ、
　　スマートフォンのアプリを使って売ろうかな。
男：それやったことあるけど、色々手間だよ。
女：へえ、そうなの？　面倒なのは嫌ね。仕方ない。
　　私も処分するかな。よし、今からやるぞ。
男：頑張って。
ーーーーーーーーーーーーーーーーーーー
問題４７　女性はこのあと、何をしますか。
＊１　服を買う。
＊２　服を捨てる。
＊３　服を売る。

問題４８　女性について、会話の内容と合っている
　　　　　のはどれですか。
＊１　あまり服を持っていない。
＊２　アプリで服を売ったことがある。
＊３　インターネットで服を買っている。

5 セミナーで男性がオンライン会議について話しています。この話を聞いてください。

——————————————————

男：最近はオンラインで会議をする機会も増えましたね。対面での会議とは異なるオンラインならではのマナーがあるでしょう。例えば、自分が発言するとき以外はマイクを切っておくこと。つけっぱなしだと、いろんな音が入ってしまい邪魔になります。一方でマイクを切りっぱなしだと、声による相槌が伝わりません。ですから少し大げさなくらいの表情や動作で反応を示すといいでしょう。また、オンラインでは、対面よりも発言のタイミングがつかみにくいものです。他の人と重ならないよう発言時の合図を決めておくといいでしょう。

——————————————————

問題４９　男性は何について話していますか。
＊１　オンライン会議のメリット
＊２　オンライン会議での注意点
＊３　オンライン会議に便利な道具

問題５０　話の内容と合っているのはどれですか。
＊１　オンラインでは話し出すタイミングが難しい。
＊２　マイクは常にオンにしておいたほうがいい。
＊３　オンラインでは表情や動きがオーバーになりがちである。

6 会社で男性と女性がホームページ制作について話しています。この会話を聞いてください。

——————————————————

男：課長、鳩デザイン社からホームページ制作の見積書が届きました。
女：どれどれ…ああ、思っていたより高額ですね。
男：ええ、大企業から注文を受けるほど実績のある会社ですし、デザインも凝っていますから。
女：それにしてもこの金額では…。他の制作会社にもお願いしているんですか。
男：はい。こちらがＭＪウェブ社からのです。機能は最小限ですが、価格はこちらの予算内におさまっています。
女：うーん。ホームページは会社の顔ですから、慎重に検討したいですね。他の制作会社にもあたってみてください。
男：はい。さらに何社かに見積もりを出してもらってまたご相談します。

——————————————————

問題５１　ＭＪウェブ社は鳩デザイン社に比べて、どうだと言っていますか。
＊１　制作料金が安い。
＊２　デザイン性が高い。
＊３　優れた実績がある。

問題５２　男性はこのあと、何をしますか。
＊１　ＭＪウェブ社に制作を依頼する。
＊２　別の会社に見積もりを依頼する。
＊３　鳩デザイン社に価格を交渉する。

7　テレビである会社の社長が自社商品のシャン
　　プーについて話しています。この話を聞いてく
　　ださい。
ーーーーーーーーーーーーーーーーーーーーー
女：私には子供がいますが、シャンプーによる頭皮
　　の荒れがひどかったんです。そこで、「誰でも
　　安心して使えるシャンプーを作りたい」と考え
　　たのが、会社設立のきっかけでした。大学の専
　　攻は全く違う分野で素人でしたから苦労の連続
　　でしたが、試作を繰り返して商品の完成に漕ぎ
　　つけました。天然由来の原料を使っていますの
　　で、敏感肌の方にもお使いいただけ、その香り
　　にはリラックス効果もございます。また、コン
　　ディショナー成分配合で髪のごわつきもありま
　　せん。通常シャンプーといえば、プラスチック
　　容器に液体が詰められているものですが、弊社
　　の商品は固体です。再生紙での包装が可能で、
　　プラスチックごみの削減に貢献しています。た
　　だ、溶けやすいので、使用後はできるだけ湿気
　　を避け、乾燥した場所での保管をお願いいたし
　　ます。エコに関心がある方にも敏感肌の方にも
　　ぜひ一度お試しいただければと思います。
ーーーーーーーーーーーーーーーーーーーーー
問題５３　女性が会社を設立したきっかけは何です
　　　　　か。
＊１　市販のシャンプーが子供に合わなかったこと
＊２　プラスチックごみ問題に関心を持ったこと
＊３　大学で関連分野を専攻したこと

問題５４　この会社のシャンプーの特徴は何ですか。
＊１　固体で、様々な形や色の商品がある。
＊２　香りによるリラックス効果がある。
＊３　天然成分配合のコンディショナーが別売りさ
　　　れている。

問題５５　この会社のシャンプーのデメリットは何
　　　　　ですか。
＊１　保管場所に注意が必要である。
＊２　泡立ちが良くない。
＊３　専用の容器が必要となる。

これで聴解試験を終わります。

第6回　J. TEST実用日本語検定（A-Cレベル）
正解とスクリプト

■　読解・記述問題　500点

《　文法語彙問題　》 各5点（200点）				《　読解問題　》 各6点（120点）		《　漢字問題A　》 各4点（60点）	
1）　2	11）　1	21）　3	31）　4	41）　1	51）　3	61）　4	71）　4
2）　4	12）　3	22）　4	32）　3	42）　3	52）　3	62）　1	72）　3
3）　1	13）　1	23）　1	33）　1	43）　3	53）　3	63）　3	73）　3
4）　3	14）　3	24）　1	34）　1	44）　3	54）　2	64）　4	74）　3
5）　4	15）　3	25）　4	35）　3	45）　4	55）　1	65）　1	75）　2
6）　2	16）　4	26）　2	36）　3	46）　2	56）　4	66）　1	
7）　3	17）　4	27）　4	37）　2	47）　4	57）　2	67）　3	
8）　4	18）　1	28）　1	38）　2	48）　2	58）　2	68）　2	
9）　1	19）　2	29）　3	39）　1	49）　4	59）　1	69）　1	
10）　2	20）　2	30）　2	40）　4	50）　1	60）　2	70）　1	

《　漢字問題B　》各4点（60点）　　*漢字問題A＋B＝計120点

76）あさ　　　　　80）じょうはつ　　　84）たいぐう　　　　88）と
77）ぎもん　　　　81）こんらん　　　　85）かさ　　　　　　89）ひそ
78）いのち　　　　82）こ　　　　　　　86）いちがい　　　　90）しょうげき
79）れいとう　　　83）あた　　　　　　87）そち

解答例　　《　記述問題A　》各6点（30点）　　*（A）と（B）が両方正解で6点。部分点はありません。
91）（A）冷蔵庫　　　　　　　　　　　　（B）飲んで
92）（A）待った　　　　　　　　　　　　（B）終わった
93）（A）置き　　　　　　　　　　　　　（B）ない
94）（A）卒業して　　　　　　　　　　　（B）とって
95）（A）遅　　　　　　　　　　　　　　（B）早

解答例　　《　記述問題B　》各6点（30点）　　*部分点はありません。　　*記述問題A＋B＝計60点

96）　歌いすぎてのどが
97）　一人で食べきる
98）　仕事ができない上に
99）　わかりかねますので担当の
100）　行けるものなら行き

■　聴解問題　500点

《写真問題》 各5点（50点）	《聴読解問題》 各10点（100点）	《　応答問題　》 各10点（200点）		《　会話・説明問題　》 各10点（150点）	
1）　3	11）　1	21）　3	31）　3	41）　2	51）　3
2）　4	12）　3	22）　3	32）　2	42）　2	52）　2
3）　2	13）　1	23）　2	33）　2	43）　3	53）　2
4）　2	14）　4	24）　1	34）　1	44）　1	54）　1
5）　4	15）　1	25）　3	35）　2	45）　2	55）　3
6）　1	16）　4	26）　2	36）　1	46）　1	
7）　4	17）　3	27）　3	37）　2	47）　1	
8）　3	18）　2	28）　2	38）　1	48）　3	
9）　2	19）　3	29）　1	39）　1	49）　3	
10）　1	20）　2	30）　1	40）　3	50）　2	

写真問題

例題の写真を見てください。
例題1　これは何ですか。
1　コップです。
2　いすです。
3　ノートです。
4　カメラです。

例題2　これで何をしますか。
1　すわります。
2　字を書きます。
3　水を飲みます。
4　写真をとります。

最も良いものは、例題1は1、例題2は3です。ですから、例題1は1、例題2は3を例のようにマークします。

Aの写真を見てください。
問題1　これは何ですか。
1　バケツです。
2　やかんです。
3　フライパンです。
4　包丁です。

問題2　これで何をしますか。
1　野菜を保存します。
2　野菜を刻みます。
3　野菜を干します。
4　野菜を炒めます。

Bの写真を見てください。
問題3　ここはどこですか。
1　洗面所です。
2　劇場です。
3　裁判所です。
4　競技場です。

問題4　ここで何をしますか。
1　俳優を逮捕します。
2　演奏を鑑賞します。
3　水着を試着します。
4　楽器を寄付します。

Cの写真を見てください。
問題5　女性は何をしていますか。
1　田植えです。
2　落書きです。
3　分析です。
4　裁縫です。

問題6　正しい説明はどれですか。
1　ミシンを使っています。
2　ものさしで測っています。
3　針金を引っ張っています。
4　布を縛っています。

Dの写真を見てください。
問題7　ここはどこですか。
1　道場です。
2　土手です。
3　桟橋です。
4　展望台です。

問題8　女の子について、正しい説明はどれですか。
1　顕微鏡を覗いています。
2　遠方の景色を写生しています。
3　望遠鏡で眺めています。
4　柵を蹴飛ばしています。

Eの写真を見てください。
問題9　仕事の相手に会いに行きたいと伝えます。こんな時、何と言いますか。
1　一度、お参りさせていただきたいのですが。
2　一度、お目にかかりたいのですが。
3　一度、拝見できますでしょうか。
4　一度、お越しいただけますでしょうか。

Fの写真を見てください。
問題10　結婚のお祝いをくれた上司にお礼を言います。こんな時、何と言いますか。
1　お心遣い痛み入ります。
2　痛恨の極みでございます。
3　心よりお悔やみ申し上げます。
4　誠にご愁傷さまでした。

例題を見てください。男性と女性が、会社のロゴの位置について話しています。

例題1　男性はどの位置がいいと言っていますか。

例題2　女性はどの位置がいいと言っていますか。

ーーーーーーーーーーーーーーーーーーー

男：名刺のデザインを変えるんだけど、会社のロゴの位置はどこがいいと思う？

女：住所の前がいいんじゃない？

男：うーん、でも、それじゃあ目立たないよ。会社名の前に大きく入れたら、どう？

女：えー、ロゴは控えめに、住所の前にあるほうがいいわよ。

ーーーーーーーーーーーーーーーーーーー

例題1　男性はどの位置がいいと言っていますか。

例題2　女性はどの位置がいいと言っていますか。

最も良いものは、例題1は2、例題2は3です。ですから、例題1は2、例題2は3を例のようにマークします。

Gを見てください。

女性と男性が商品の見本を見ながら話しています。

問題11　この商品の特徴はどの部分ですか。

問題12　どこを直すことにしましたか。

ーーーーーーーーーーーーーーーーーーー

女：課長、新商品の見本ができたんですが、見ていただけますか。

男：例のジューサーだね。蓋が大きくていいねえ。台もしっかりしているし。

女：この辺りはいかがでしょうか。この商品の特徴なんですが。

男：できたジュースをこの注ぎ口から注げるってわけだね。いいと思うよ。一つ注文をつけるとしたら、持ち手だな。細くて持ちにくいんじゃないかな。

女：そうですね。では、ここを改良します。

ーーーーーーーーーーーーーーーーーーー

問題11　この商品の特徴はどの部分ですか。

問題12　どこを直すことにしましたか。

Hを見てください。
女性と男性が研修会の机の並べ方について話しています。

問題１３　男性はどのように机を並べていましたか。
問題１４　男性はこのあと、どのように机を並べますか。
　　　　　　　か。
ーーーーーーーーーーーーーーーーーーーーー
女：午後の研修会、参加者は12名だったわよね。机の
　　配置はできてる？
男：はい。コの字の形に並べておきました。
女：そうねえ。でも、グループワークがあるから机が
　　広いほうが作業しやすいんじゃないかしら。
男：では、机を向かい合わせに１列にしましょうか。
女：うーん、それより、４人ずつのグループに分けた
　　らどうかな。講師の先生に背中を向けることにな
　　らないようにして。
男：はい、わかりました。
ーーーーーーーーーーーーーーーーーーーーー
問題１３　男性はどのように机を並べていましたか。
問題１４　男性はこのあと、どのように机を並べます
　　　　　　か。

Ｉを見てください。
男性がある調査結果について話しています。

問題１５　韓国はどれですか。
問題１６　スウェーデンはどれですか。
ーーーーーーーーーーーーーーーーーーーーー
男：こちらのグラフは日本を含む７か国の13歳から29
　　歳の若者に、「自分の子供に老後の面倒をみても
　　らいたいか」と聞いた結果です。「そう思う」と
　　答えた割合が少ない２か国は日本と韓国で、最も
　　多かった国はアメリカです。北欧のスウェーデン
　　は「そう思う」「どちらかというとそう思う」と
　　答えた若者が半数以上となり、福祉国家と言われ
　　ている国なので意外な結果でした。また、「そう
　　思わない」と答えた割合が最も少なかったのはド
　　イツでした。
ーーーーーーーーーーーーーーーーーーーーー
問題１５　韓国はどれですか。
問題１６　スウェーデンはどれですか。

Jを見てください。
男性がある会社の社長に話を聞いています。

問題17　この会社が行うサービスの一番の特徴は
　　　　　何ですか。
問題18　この会社がこれから目指すことは何です
　　　　　か。
──────────────────
男：オフィス家具のサブスクリプションサービスを
　　行っている会社の社長にお話を伺います。1000
　　社以上の企業に家具を提供しているそうですね。
女：ええ。お客様が選んだ家具を最大2年、毎月利
　　用料金をお支払いいただく形でお使いになれる
　　という仕組みです。格安というわけではありま
　　せんが、家具の定価を超えない料金設定にして
　　います。
男：なるほど。購入するより安いということで、経
　　費削減になりますね。商品数はどのくらいある
　　のですか。
女：そこが弊社の最大の売りなのですが、12万種の
　　アイテムが揃っております。あらゆるニーズに
　　お応えできる自信がございます。さらに、プロ
　　のコーディネーターによるインテリアのご提案
　　もさせていただいております。
男：そうですか。では最後に、今後の展望について
　　もお聞かせください。
女：そうですね。最近は大企業からの問い合わせも
　　増えていますので、1社でも多く契約に結び付
　　けたいと思っております。
──────────────────
問題17　この会社が行うサービスの一番の特徴は
　　　　　何ですか。
問題18　この会社がこれから目指すことは何です
　　　　　か。

Kを見てください。
女性が消費に関する表を見ながら話しています。

問題19　「交通・通信」はどれですか。
問題20　「光熱・水道」はどれですか。
──────────────────
女：こちらは2人以上の世帯の2022年5月の消費支
　　出の内訳です。全体では28万7687円、前年同月
　　比0.5パーセントの減少でした。最も減少が大き
　　かった項目は「教育」のマイナス10.2パーセン
　　トでした。反対に最も増加したのが「被服及び
　　履物」の項目で12.0パーセントです。支出金額
　　が82,066円と最大の「食料」はマイナス0.5パー
　　セントで、物価上昇による買い控えの影響が伺
　　えます。また、マイナス2.3パーセントだった
　　「交通・通信」の項目は自動車購入費用の減少
　　が要因となっています。なお、増減率は物価変
　　動の影響を除いた実質の値を表しており、額面
　　通りの金額で最も増えたのはエネルギー価格の
　　上昇のあった「光熱・水道」で15パーセントの
　　増加でしたが、実質では0.5パーセント増にとど
　　まりました。
──────────────────
問題19　「交通・通信」はどれですか。
問題20　「光熱・水道」はどれですか。

例題１　おはようございます。
1　おはようございます。
2　おやすみなさい。
3　さようなら。

例題２　お仕事は？
　　　　－会社員です。
1　私も会社員じゃありません。
2　私も会社員です。
3　私も医者です。

最も良いものは、例題１は１、例題２は２です。ですから、例題１は１、例題２は２を例のようにマークします。

問題２１　誰から荷物が届いたの？
1　おしゃれだよ。
2　冗談だよ。
3　親戚だよ。

問題２２　このファイル、どのように並べますか。
1　繰り返しお願いします。
2　同時にやってください。
3　五十音順にしてください。

問題２３　田中さんって病気がちだよね。
1　うん、入院したことないんだって。
2　うん、またひどい風邪をひいたんだって。
3　うん、自転車で通勤してるんだって。

問題２４　この部屋、散らかってるね。
1　今片づけようと思ってたのに。
2　掃除は得意だからね。
3　電灯を変えたんだよ。

問題２５　私の説明、理解できましたか。
1　はい、あいにく。
2　はい、まさか。
3　はい、なんとなく。

問題２６　課長、すごく気が短いんだ。
1　じゃ、近くに住んでいるんだね。
2　え、怒らせないように気をつけなきゃ。
3　でも、もっと急がないと。

問題２７　この商品、急に需要が増しましたね。
1　急激に人気が落ちましたね。
2　宣伝の効果がありませんでしたね。
3　供給が間に合いませんね。

問題２８　これ、クリーニングに出したほうがいいかな。
1　うーん、出しても売れないと思うよ。
2　それは家で洗濯できるよ。
3　わかった。テーブルの上に飾るね。

問題２９　昨日彼女と駅で会ったんだって？
1　うん、たまたまね。
2　うん、のびのびできたよ。
3　うん、ぴかぴかだった。

問題３０　プレゼンで課長に褒められました。
1　頑張ったかいがありましたね。
2　１人でやったほうがましですね。
3　頑張ったためしがありませんね。

問題３１　今年の売り上げ、聞いた？
　　　　－去年とうって変わってよかったんだって。
1　まあ、毎年同じか。
2　え、去年はよかったのに。
3　へえ、それはよかった。

問題３２　明日から１週間お休みするそうですね。
　　　　－ええ、海外旅行に行くんです。
1　わー、そそっかしいですね。
2　わー、うらやましいです。
3　わー、しつこいですね。

問題３３　お腹がすいたね。
　　　　－寿司でもとろうか。私がおごるから。
1　じゃあ、半額出すね。
2　本当？　やったあ。
3　え？　いくら払えばいい？

問題３４　彼女は何をしてもいい加減ですね。
1　ええ、結構困っています。
2　ええ、かなりいい人ですよ。
3　ええ、よく頑張っています。

問題３５　この食器、ひびが入っているよ。
1　おいしそうだね。
2　危ないね。
3　素敵でしょう？

問題３６　営業の仕事、辞めたんだって？
1　うん、ノルマがきつくて。
2　うん、オプションがつくから。
3　うん、ストーカーになりそうで。

問題３７　中村君、がっしりしていますね。
1　ええ、彼女とけんかしたんです。
2　学生のとき、柔道をしていたんです。
3　今日は急ぎの仕事がないので。

問題３８　新人の子、非常識にもほどがありますよ。
1　どうしようもないですね。
2　ご褒美をあげましょうか。
3　常識をわきまえていますね。

問題３９　このプロジェクトは今が正念場ですね。
1　はい、気を引き締めましょう。
2　はい、山場は乗り越えましたね。
3　はい、次は最善を尽くしましょう。

問題４０　消えちゃったデータ、復元できましたか。
1　いえ、「虻蜂取らず」です。
2　いえ、「木を見て森を見ず」です。
3　いえ、「覆水盆に返らず」です。

会話・説明問題

「＊」の部分は録音されていません。

例題

――――――――――――――――――――
男：佐藤さん、明日の会議の資料はできましたか。
女：はい、できました。こちらです。
男：じゃ、10部コピーしておいてください。
女：あのう、コピーする前に内容をチェックしていただけないでしょうか。
男：ええ、いいですよ。
女：お願いします。
――――――――――――――――――――

女性は男性に何をお願いしましたか。
＊1　資料のコピー
＊2　資料のチェック
＊3　資料の作成

最も良いものは２です。ですから、例のように２を
マークします。

1　女性の話を聞いてください。

――――――――――――――――――――

女：最近、転び方を知らない子供が増えているように
　　感じます。普通は転びそうになったらまず手が出
　　ますよね。しかし手をつかずにそのまま倒れてし
　　まうのでしょう。転んだと言って親にここへ連れ
　　て来られる子供は、昔はたいてい手を怪我してい
　　たものですが、最近は顔を怪我している子が多い
　　んですよ。

――――――――――――――――――――

問題４１　女性はどこで働いていますか。
＊１　学校
＊２　病院
＊３　警察

問題４２　転んでどこを怪我する子供が増えたと言っ
　　　　　ていますか。
＊１　手
＊２　顔
＊３　足

2　家で妻と夫が携帯電話ショップに行く話をし
　　ています。この会話を聞いてください。

――――――――――――――――――――

女：今日、携帯電話のショップに行こうと思うんだ。
男：え？　半年前に携帯変えたばかりでしょ？　故
　　障？
女：ううん、そうじゃなくて。最近電話することが
　　増えたから、今までの契約プランでいいのか見
　　直しをしたくって。
男：そうなんだ。僕もついでに見てもらおうかな。
女：うん。じゃ、４時頃でどう？
男：いいよ。でも、いきなり行っても待たされるか
　　ら、来店予約したほうがいいと思うよ。
女：あ、そうだね。電話するね。
男：インターネットでもできるよ。
女：そうなの？　じゃ、そうする。

――――――――――――――――――――

問題４３　女性はどうして携帯電話ショップに行き
　　　　　たいと言っていますか。
＊１　携帯電話が故障したから
＊２　携帯電話を変えたいから
＊３　契約プランを見直したいから

問題４４　女性はこのあとまず、何をしますか。
＊１　インターネットで来店予約をする。
＊２　携帯電話の店に電話する。
＊３　携帯電話の店に行く。

3　会社で男性と女性がある書類の間違いについて
　　話しています。この会話を聞いてください。
――――――――――――――――――――――
男：木村さん、この請求書、間違っていませんか。
女：すみません。どこですか。
男：請求額の合計、１桁多いんじゃないですか。こ
　　んな金額にはならないと思うんですが。
女：あ、本当ですね。
男：他の部分も確かめたほうがいいですよ。各商品
　　の価格は合っていますよね。
女：ええ。数量も間違っていません。
男：じゃあ、ここだけの修正ですね。
女：はい。お客様に送る前でよかったです。ありが
　　とうございました。
――――――――――――――――――――――
問題４５　女性はこのあと、何を修正しますか。
＊１　各商品の金額
＊２　請求額の合計
＊３　商品数の合計

問題４６　女性は男性に何を感謝していますか。
＊１　請求書の間違いに気づいてくれたこと
＊２　請求書を作成してくれたこと
＊３　客に請求書を送ってくれること

4　会社で男性と女性が話しています。この会話を
　　聞いてください。
――――――――――――――――――――――
男：課長、今、あさひ小学校周辺のガス管工事につ
　　いて、地域住民の方から苦情のお電話が来てい
　　るんですが。
女：周辺の家には前もって工事のお知らせを配って
　　いるよね。
男：ええ、ですがうるさくて迷惑だと怒っていらっ
　　しゃって。上司に代われと言われていまして。
女：ちゃんとお詫びしたの？
男：ええ、それはもちろん。
女：じゃあ、そういう時はね、よく事実確認をする
　　の。音がうるさいのはいつの時間帯なのか、ご
　　自宅はどの辺りなのかとか。それから工事の意
　　義やこちらの立場をお伝えして納得していただ
　　くのよ。
男：でも上司に代われって言われたので、また私が
　　出たら余計怒られるんじゃないかって心配なん
　　ですが…。
女：気持ちはわかるけど、まずは自分で対応してみ
　　て。駄目だったら代わってあげるから。
――――――――――――――――――――――
問題４７　男性はどんな電話を受けましたか。
＊１　工事の音がうるさい。
＊２　工事のお知らせがなかった。
＊３　ガス管が壊れている。

問題４８　男性はこのあとまず、何をしますか。
＊１　上司に電話を代わってもらう。
＊２　電話の相手に工事の意義を説明する。
＊３　電話の相手と話して事実を確認する。

5　ニュースで男性がある地下街について話して
　　います。この話を聞いてください。
──────────────────────
男：岡本駅にある地下街「サニー」は２年後のオー
　　プンを目指し、来月から大規模なリニューアル
　　工事を始めます。そのため、今月末をもって２
　　年間休業することになりました。現在、地下街
　　では28の店舗が営業していますが、そのうち半
　　数の店舗は一時的に駅前ビルに移転し、残り半
　　数の14店舗は閉店する予定です。来客数減少で
　　経営が苦しいこともありますが、それ以上に店
　　主の平均年齢が60歳を超えていることがその理
　　由です。２年後の地下街の店舗には20代から30
　　代の若い人をターゲットに洋服店やレストラン
　　などが入る予定です。
──────────────────────
問題４９　主に地下街の何について話していますか。
＊１　歴史
＊２　人気の理由
＊３　これからの展望

問題５０　地下街「サニー」について、話の内容と
　　　　　合っているのはどれですか。
＊１　幅広い客層で賑わっている。
＊２　経営者の高齢化が進んでいる。
＊３　来月、14店舗が開店する。

6　女性がある企業の社長に話を聞いています。この
　　会話を聞いて下さい。
──────────────────────
女：今日はアメーバ経営についてお話を伺いたいと思
　　います。伊藤社長、アメーバ経営とはどんなもの
　　ですか。
男：社員を数人で構成されたグループ、アメーバに分
　　けて、アメーバごとに目標達成を目指すものです。
　　少人数にすることで一人一人が責任感を持つよう
　　になるんですね。
女：なるほど。ですが、競争意識が生まれると会社全
　　体の利益が見えなくなってしまわないでしょうか。
男：いえ。各アメーバにはリーダーがいて、共同経営
　　者として会社の発展に力を注いでくれるんですね。
女：そうですか。利益はどのように割り当てているの
　　ですか。
男：会社独自の採算制度を使用しています。アメーバ
　　ごとの売り上げを一時間単位まで細かく算出する
　　ことができ、全員がそれを認識できるようになっ
　　ています。
女：社員全員が会社経営に関わるようにというこだわ
　　りですね。
男：ええ、それが一番大切ですね。一人ひとりが働く
　　ことの価値や意義を見出してほしいと思っていま
　　す。
──────────────────────
問題５１　女性が心配したことは何ですか。
＊１　グループ同士が対立すること
＊２　一人ひとりの責任感が弱まること
＊３　会社全体の利益が意識できなくなること

問題５２　この会社が重視していることは何ですか。
＊１　個人の目標達成
＊２　社員の全員参加
＊３　リーダーの育成

7　ラジオで女性が考古学の専門家に話を聞いています。この会話を聞いてください。

――――――――――――――――――――

女：鈴木先生は「丹波竜」という恐竜の研究をされているそうですね。

男：はい。2006年に丹波市で化石が発見された全長十数メートルの国内最大級の恐竜です。こちらが模型の写真です。

女：長い首と長い尾が特徴的ですね。

男：ええ、草食性で四足歩行の竜脚類に分類される恐竜です。竜脚類は全長が１メートル程度のものから40メートルの大型のものまでいます。体のわりには頭が小さいことが特徴です。

女：そうですか。今日は恐竜の生態を知る上で重要なある部分の化石を持って来ていただいたようですが。

男：ええ、レプリカですが。こちらです。

女：長さ約20センチ程度ですね。板のような形で、先の部分に穴が、えーっと、６個ありますね。

男：これはあご部分の化石なんです。穴は歯が生えていたところですね。

女：頭が小さい恐竜とのことですが、あごはこんなに小さかったんですね。

男：いえいえ、これは下あごの骨の一部分ですよ。この形状から下あごの全体は約40センチだったと推測されています。

女：ああ、そうだったんですか。

男：あごの骨の化石というのは貴重なんですよ。どのようにしてものを食べていたのかを知る手掛かりになりますからね。

――――――――――――――――――――

問題５３　どんな恐竜について話していますか。
＊１　あごの大きな肉食の恐竜
＊２　2006年に化石が発見された首の長い恐竜
＊３　全長40メートルの大型恐竜

問題５４　女性は化石のレプリカを見てどう思いましたか。
＊１　あごの全体だと思った。
＊２　歯だと思った。
＊３　板だと思った。

問題５５　会話の内容と合っているのはどれですか。
＊１　首の長さで草食か肉食かがわかる。
＊２　歯の数で強さがわかる。
＊３　あごの化石から食生活がわかる。

これで聴解試験を終わります。

J.TEST実用日本語検定（A-C）

◆ 名前をローマ字で書いてください。
Write your name in roman letter.

名前 Name	

◆ 受験番号を書いてください。
Write your Examinee Registration Number below.

◆ 下のマーク欄に受験番号をマークしてください。
Mark your Examinee Registration Number below.

受 験 番 号
Examinee Registration Number

（マーク欄：⓪①②③④⑤⑥⑦⑧⑨）

注意 [Note]

1. えんぴつ(HB～2B)でマークしてください。
   Use a black soft(HB～2B/No.1 or No.2)pencil.
2. 書きなおすときは消しゴムできれいに消してください。
   Erase any unintended marks completely.
3. きたなくしたり、おったりしないでください。
   Do not soil or bend this sheet.
4. マーク例 Marking Examples.

よい例 Correct	わるい例 Incorrect
●	◐ ✓ ⊗

◆ 漢字名がある人は、漢字で名前を書いてください。
Write your name in Kanji if you have.

名前 Name(漢字)	

◇ 読解・記述
【Reading／Writing】

（問題番号 1～60：①②③④）

（問題番号 61～75：①②③④）

76～100のこたえはうらに書いてください。
Write the answers from No.76 to No.100 questions on the back of this sheet.

◇ 聴解
【Listening】

（問題番号 れい1、れい2、1～55：①②③④）

日本語検定協会

番号		
91	(A)	(B)
92	(A)	(B)
93	(A)	(B)
94	(A)	(B)
95	(A)	(B)

番号	
96	
97	
98	
99	
100	

番号	
76	
77	
78	
79	
80	
81	
82	
83	
84	
85	
86	
87	
88	
89	
90	

外国人のための日本語力テスト

実用日本語検定

J.TEST
TEST OF PRACTICAL JAPANESE

実用日本語検定（J.TEST）とCEFR・日本語能力試験（JLPT）の対応表 ※1

「日本語教育の参照枠」 ※2 CEFR	J.TEST （年6回実施）			JLPT （年2回実施）	
		レベル	スコア **1000点満点**		
* CEFR C2	A-Cレベル試験	特A級	930点以上		
		A級	900点以上		
		準A級	850点以上		
		B級	800点以上		
* CEFR C1		準B級	700点以上	N1	*大学入試レベル
* CEFR B2		C級	600点以上	N2	*専門学校入試レベル
	D-Eレベル試験		**700点満点**		
* CEFR B1		D級	500点以上	N3	
* CEFR A2		E級	350点以上	N4	*実習生入国レベル
	F-Gレベル試験		**350点満点**		
* CEFR A1		F級	250点以上	N5	*日本語学校入学レベル
		G級	180点以上		

※1　JLPTとCEFRの対応関係は、当事務局独自の判断によるものです。

※2　「日本語教育の参照枠」のA1～C2は、CEFRのA1～C2に準拠しています。

CEFR = Common European Framework of Reference for Languages（ヨーロッパ言語共通参照枠）

https://j-test.jp

J.TEST とは？

◆ J. TEST実用日本語検定は外国人の日本語能力を測定する試験として、1991年から実施されています。

◆ 外国人社員・実習生の能力評価、大学・大学院・専門学校等の出願条件などに利用されています。

◆ 国内外50都市以上で実施されています。海外では、中国（大陸）、台湾、韓国、モンゴル、ベトナム、タイ、ネパール、ミャンマー、バングラデシュ、フィリピン、ブラジル、インドネシア、ラオスで実施されています。

◆ 年6回実施される「公開試験」と、企業・団体がいつでも実施できる「随時試験」があります。

◆ 中国では、2007年から中国政府認定試験として実施されています。

J.TEST の特徴

 ### 3種類の試験、レベルとスコアで実力を測定

上級者向けの「A-Cレベル試験」、初級～中級者向けの「D-Eレベル試験」、入門者向けの「F-Gレベル試験」があります。「A-Cレベル試験」と「D-Eレベル試験」はビジネス関連の問題も出題されます。試験結果はスコアで評価されると同時に一定の点数に達した方にはレベルの認定を行っております。

 ### 難易度は毎回一定で受験のチャンスが多い

「A-Cレベル試験」と「D-Eレベル試験」は年6回、「F-Gレベル試験」は年2回（海外は年6回）実施されています。毎回難易度が一定なので、何度も受けることによって日本語力の進歩が分かります。

 ### 「記述式問題」があり、「実用的」かつ「実践的」な日本語力を測定

聴解試験の比重が高く、「生きた表現」が数多く出題されます。すべての試験において、読解問題と聴解問題の得点比率は各50%になります。また、漢字の読み方を書く問題や、短文作成など他の試験にはない「記述式問題」があるのも特徴です。（※F-Gレベル試験は、すべて選択式問題です）J. TESTは実践的な能力を評価します。

4 ▶ 入門レベル～日本語能力試験N1以上の日本語力まで測定可

「A-Cレベル試験」は、日本語能力試験N1以上の高度なコミュニケーション能力を測定します。
また「F-Gレベル試験」は日本語学習入門者向けの試験になっており、日本語学習へのモチベーション維持に役立ちます。

5 ▶ 認定証の発行（随時試験を除く）

一定の点数以上の方には「認定証」が発行されます。
また、受験者全員に成績表と参考資料が郵送されます。

 ### 豊富なダウンロード素材

試験後、J. TESTホームページから聴解試験の音声や「正解とスクリプト」をダウンロードできます。
試験後の復習にご利用ください。
※音声データの公開は試験実施月末までです。

https://j-test.jp/8888-2

 ### WEBで成績検索ができる（随時試験を除く）

成績表発送日前日からJ. TESTホームページで成績検索をすることができます。

8 ▶ 無料のWEBテストで受験レベルを確認できる

J. TESTホームページで無料のWEBテストを公開しております。受験レベルの確認や試験勉強にご利用ください。

https://j-test.jp/kensaku2

https://j-test.jp/webtest

受験資格　中学生以上で母語が日本語ではない方

＊国籍が日本でも母語が日本語でなければ受験できます。

Cレベル試験

1000点満点で点数によって能力を判定します。600点以上で基準を満たしている方には認定証が発行されます。

内容

●読解試験　80分
　文法・語彙問題
　読解問題
　漢字問題
　記述問題

●聴解試験　約45分
　Ⅰ　写真問題
　Ⅱ　聴読解問題
　Ⅲ　応答問題
　Ⅳ　会話・説明問題

点数と評価

●1000点満点（読解500点、聴解500点）
※基準：8分野のうち0点の分野があった場合にはレベル認定されません。

特A級	930点以上	様々な分野、場面において、専門的な話題も理解し対応できる高度なコミュニケーション能力がある。
A級	〜900点	様々な分野、場面において、専門的な話題も理解でき、十分なコミュニケーション能力がある。（CEFR C2）
準A級	〜850点	様々な分野、場面において、一般的な話題をほとんど理解でき、十分なコミュニケーション能力がある。
B級	〜800点	一般的な分野、場面において、十分なコミュニケーション能力がある。
準B級	〜700点	日常生活や職場において、十分なコミュニケーション能力がある。（CEFR C1）
C級	〜600点	日常生活や職場において、基本的なコミュニケーション能力がある。（CEFR B2）

（600点未満は認定なし）　・日本語能力試験N1＝700点（準B級）
　　　　　　　　　　　　　・日本語能力試験N2＝600点（　C級）
　　　　　　　　　　　　　（日本語能力試験との比較は目安です）

D-Eレベル試験

700点満点で点数によって能力を判定します。350点以上で基準を満たしている方には認定証が発行されます。

内容

●読解試験　70分
　文法・語彙問題
　読解問題
　漢字問題
　記述問題

●聴解試験　約35分
　Ⅰ　写真問題
　Ⅱ　聴読解問題
　Ⅲ　応答問題
　Ⅳ　会話・説明問題

点数と評価

●700点満点（読解350点、聴解350点）
※基準：8分野のうち0点の分野があった場合にはレベル認定されません。

D級	500点以上	日常生活や職場の限られた場面において、ある程度のコミュニケーション能力がある。（CEFR B1）
E級	〜350点	日常生活や職場の限られた場面において、初級レベルの日本語の範囲ならばコミュニケーションができる。（CEFR A2）

（350点未満は認定なし）　・日本語能力試験N3＝500点〜（D級）
　　　　　　　　　　　　　・日本語能力試験N4＝350点〜（E級）
　　　　　　　　　　　　　（日本語能力試験との比較は目安です）

F-Gレベル試験

350点満点で点数によって能力を判定します。180点以上で基準を満たしている方には認定証が発行されます。

出題内容

●読解試験　60分
　Ⅰ　文法・語彙問題
　Ⅱ　読解問題
　Ⅲ　漢字問題
　Ⅳ　作文問題（選択式）

●聴解試験　約25分
　Ⅰ　写真問題
　Ⅱ　聴読解問題
　Ⅲ　応答問題
　Ⅳ　会話・説明問題

点数と評価

●350点満点（読解175点、聴解175点）
※基準：8分野のうち0点の分野があった場合にはレベル認定されません。

F級	250点以上	初級レベル前期の日本語の範囲ならば、コミュニケーションができる。（CEFR A1）
G級	〜180点	入門レベルの日本語の範囲ならば、コミュニケーションができる。

（180点未満は認定なし）　・日本語能力試験N5＝250点〜（F級）
　　　　　　　　　　　　　（日本語能力試験との比較は目安です）

書籍のご案内

『J.TEST実用日本語検定問題集』は次のQRコードよりご購入いただけます。

日本語ブックスonline

公開試験の実施レベル・実施月・実施都市

A-Cレベル試験（上級）／ D-Eレベル試験（初級〜中級）

- ■年6回（1・3・5・7・9・11月）実施都市 ： 東京、千葉、横浜、名古屋、大阪、神戸、福岡
- ■年2回（5・11月）実施都市 ： 札幌、仙台、埼玉、静岡、京都、広島、大分、沖縄
- ■年2回（1・9月）実施都市 ： 茨城、栃木、群馬、石川、岐阜、三重、岡山、高松、熊本

F-Gレベル試験（入門）　　＊F-Gレベルの実施回数は、海外と異なります。

- ■年2回（5・11月）実施都市 ： 東京、名古屋、大阪、福岡

実施要項・年間予定

https://j-test.jp/newjtest/schedule

J.TEST公開試験実施案内（国内）

https://j-test.jp/newjtest/next

公開試験お申込み手順

Step 1 受験料の振込

ATMや銀行の窓口で受験料を振り込んでください。
必ず振込明細書を受け取ってください。
（ネットバンクの場合はスクリーンショットを撮る。）

受験料：5,200円　（日本国内の中高生は2,600円）

振込先
銀行名：三菱UFJ銀行　支店名：市ヶ谷　口座：普通　0189122
口座名：株式会社語文研究社

＊ MUFG Bank, Ltd. ICHIGAYA Branch　＊ SWIFT code BOTKJPJT
＊ GOBUN KENKYUSYA Co.,Ltd.　＊ ACCOUNT NO. 014-0189122

Step 2 写真を撮る

※この3枚（中高生は4枚）の写真はstep3で使います。

★顔写真 ……… 一色の壁の前で胸から上の写真を撮る。

★身分証明書 …… 在留カードやパスポートなど、顔写真のあるページを撮る。

★振込明細書 …… 受験料振込の時に受け取った振込明細書の写真を撮る。

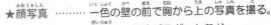

★学生証または在学証明書（中学生・高校生のみ）
…… 中高生の割引を利用する場合は
学生証または在学証明書の写真を撮る。

Step 3 WEBで申込み

https://j-test.jp/application

ホームページにアクセス

★＜インターネットJ.TEST申し込みフォーム＞よりお申し込みください。

★入力する内容★

英文名・漢字名（ある人のみ）・フリガナ・生年月日・
国籍／地域・電話番号・メールアドレス（QQ以外）
・試験会場・試験レベル
・受験票送り先（自宅or学校or会社）
・送り先住所・会社名／学校名・
・振込日・振込金額・振込名義人

Step 4 受付完了メール

件名：J.TEST申し込み（000123）

No. 000123

受付完了のメールが届くと受付完了です。
もし届かない場合はメールアドレスが間違っているか、
迷惑メールボックスに入っている場合がありますので、
ご確認ください。（QQメールには届かないので注意
してください。）

日本語検定協会／J.TEST事務局

TEL: 03-5875-1481
MAIL：j-test@gobun-ken.

〒136-0071 東京都江東区亀戸1-42-18 日高ビル8F

J. TEST 実用日本語検定 問題集[A-Cレベル]2022年

2023 年 6 月 30 日　初版発行
＜検印廃止＞

著　　者　日本語検定協会／J. TEST 事務局
発行者　秋田　点
発　　行　株式会社語文研究社
〒136-0071　東京都江東区亀戸1丁目42-18　日高ビル8F
電話　03-5875-1231　　FAX　03-5875-1232

販　　売　弘正堂図書販売株式会社
〒101-0051　東京都千代田区神田神保町 1-39
電話　03-3291-2351　　FAX　03-3291-2356

印　　刷　株式会社大幸